"SID'S ADVENTURES IN SPAIN" wa
the Costa Blanca News. Here are :

I look forward to reading about S
up to. I must say that my underst
a great deal!

HILARY TEMPERLEY-GREENWELL

Sid's adventures are not only humorous, but are packed full of new vocabulary. It's such a great way to learn the language – far better than having to wade through pages of "dry" grammar!!

GAIL CHAPMAN

I read the Spanish first and when I don't understand a word or section, I read the English. I then find that going back to the section later makes it all clearer.

DAVE FORSTER

For more information about Jane Cronin's work and teaching products visit: *www.janecronin.eu*

"LAS AVENTURAS DE SID EN ESPAÑA" fue originalmente una serie de artículos en el periódico inglés Costa Blanca News. Aquí están algunos comentarios de los lectores:

Espero con ilusión leer sobre Sid cada semana para saber lo último de sus aventuras. Tengo que reconocer que mi comprensión del español ha mejorado mucho.

HILARY TEMPERLEY-GREENWELL

Las aventuras de Sid son no solo graciosas, sino que también están repletas de vocabulario nuevo. Es una manera maravillosa de aprender el idioma – mucho mejor que luchar con páginas de gramática "seca".

GAIL CHAPMAN

Lo leo en español primero y cuando no entiendo una palabra o una sección, lo leo en inglés. Cuando vuelvo a la misma sección más tarde está todo aclarado.

DAVE FORSTER

Para más información sobre el trabajo de Jane Cronin, visite: *www.janecronin.eu*

SID'S ADVENTURES IN SPAIN

LAS AVENTURAS DE SID EN ESPAÑA

A STORY IN ENGLISH AND SPANISH

UN CUENTO EN INGLÉS Y ESPAÑOL

by

Jane Cronin

Moyhill Publishing

First published in 2010 by Moyhill Publishing.

Illustrations by Sara Álvarez Cronin and Jane Cronin.

A CIP catalogue record for this book is available from the British Library.

ISBN 978-1-905597-25-3

Designed & typeset by *Moyhill* Publishing.

Printed and bound in Great Britain by
Marston Book Services Ltd, Oxfordshire

The papers used in this book were produced in an environmental friendly way from sustainable forests.

Moyhill Publishing,
1965 Davenport House, 261 Bolton Rd,
Bury, Gtr. Manchester BL8 2NZ. UK.

This book is dedicated to my mother,
Hilda Cronin

With thanks to Sara and Emma Álvarez Cronin for their help with translation, to Adrian Wrigglesworth for English proof-reading and especially to Mª Nieves Romero Romero for her detailed corrections and comments.

Author's Notes

Translation is a fascinating and complicated activity and there is almost never just one way of doing it. The original language of this story is English, and it has been an interesting challenge to find the words and expressions in Spanish which are as close as possible to the English meaning, whilst still reading like authentic Spanish. My intention is not to provide definitive solutions to this puzzle, but to arouse the interest of the reader in the complexities of language. At the same time, I hope you get to know and love Sid as much as I have.

Nota de la autora

La traducción es una actividad fascinante y complicada, y casi nunca hay un único modo de hacerla. El idioma original de este cuento es inglés, y ha sido un reto interesante buscar las palabras y expresiones en español que se acercasen más al sentido del inglés, mientras se lea como español auténtico. Mi intención no es ofrecer soluciones definitivas a este rompecabezas, sino estimular en el lector un interés en lo complejo que es el idioma. Al mismo tiempo, espero que lleguéis a conocer y a apreciar a Sid tanto como yo.

Contents 1-20

Contenido 1-20

Contents 22-40

Contenido 22-40

Contents 41-60

Contenido 41-60

WELCOME
TO
SPAIN

1. A GIANT LEAP FOR SID

After many months of anxious preparation, Sid finally boarded the plane that would take him away to his new life. He first had the idea nearly two years ago when he responded to an advertisement, which in turn had led him to take a short trip to Spain, all expenses paid, to look for a new home. It had all seemed quite exotic at the time, as Sid had never even seen real palm trees before, only going to Skegness for his holidays in the past. Sid had never been back to Spain since to see exactly what it was he had chosen on that occasion, and in fact the whole trip now seemed like a distant dream.

As the plane banked in the blue skies getting ready to land, Sid looked through the window and marvelled at the sea glistening in the sunshine, the stark contrast of brown earth dotted with green gardens, white houses and blue swimming pools, all so different from that green and grey world that Sid was leaving behind. As the plane's wheels touched the runway, he felt a flutter in his tummy, a mixture of nervousness and joy, and realized that it was a very long time since he had felt such strong emotions.

As he walked into the airport building it was all noise and confusion, people shouting, greeting friends and jabbering in that unknown language which Sid felt sure he would be able to speak in a very short time. He had been good at French at school, and even though that was over fifty years ago he was quietly confident. After picking out his somewhat battered suitcase, purchased for family holidays way back in 1957, Sid walked out into the bright sunshine and looked around him. For the first time he realized that he was

1. UN GRAN SALTO PARA SID

Tras varios meses de inquietante preparación, Sid por fin se subió al avión que le llevaría hacia su nueva vida. La idea le vino por primera vez hace casi dos años al responder a un anuncio, que en consecuencia le llevó a hacer un corto viaje a España, con todos los gastos pagados, para buscar un nuevo hogar. En aquel entonces todo le parecía muy exótico, ya que Sid nunca había visto palmeras de verdad, solo había ido a Skegness de vacaciones en el pasado. Sid no había vuelto a España desde entonces para ver que era exactamente lo que había elegido en esa ocasión, y de hecho el pequeño viaje le parecía un sueño lejano.

Mientras el avión descendía en el cielo azul preparándose para el aterrizaje, Sid miró a través de la ventanilla maravillado al ver el mar brillar por el reflejo del sol, el gran contraste de tierra marrón salpicada de jardines verdes, casas blancas con piscinas azules: todo tan distinto al mundo verde y gris que Sid estaba dejando atrás. Cuando las ruedas del avión tocaron tierra, sintió mariposas en el estómago, una mezcla de nervios y alegría, y se dio cuenta de que hacía mucho tiempo desde que sentía unas emociones tan fuertes.

Al entrar en el edificio del aeropuerto todo era ruido y confusión, gente gritando, saludando a amigos y hablando en ese idioma desconocido que Sid estaba seguro que en poco tiempo sería capaz de hablar. Se le daba bien el francés en la escuela, y aunque de eso habían pasado cincuenta años estaba discretamente confiado. Después de coger su maleta vieja y gastada, adquirida para las vacaciones familiares de 1957, Sid salió hacia la luz del sol y miró a su alrededor. Por primera vez se dio cuenta de que no estaba

not appropriately dressed. He glanced down at his tweed jacket, grey flannel trousers and brown brogues and made a mental note to devote some time to adjusting his wardrobe to a Mediterranean lifestyle.

Sid climbed into a taxi, gave the address of a hotel he had been recommended to spend his first few nights in Spain and sat back to view the scenery. There was a delightful informality about everything he saw around him, so alien to someone who had spent all his life in a village in the Yorkshire dales. Sid was used to being able to identify all the cars in his street and know where each one would be parked every night. There was never any need for anyone to sound a horn. Here there were people, cars, taxis and a terrible racket everywhere and Sid found himself clutching the edge of his car seat as his taxi shot off at an incredible speed. "My goodness" thought Sid. "I think this new life of mine is going to be full of surprises!"

vestido adecuadamente. Bajó la mirada y observó su chaqueta de tweed, sus pantalones de franela, y sus zapatos gruesos de cuero, y decidió dedicar un poco de tiempo para renovar su armario adecuándolo al estilo de vida mediterráneo.

Sid se subió a un taxi, entregó la dirección de un hotel que le habían recomendado que pasase sus primeras noches en España y empezó a observar el paisaje. Había una informalidad encantadora en todo lo que veía a su alrededor, tan extraño para alguien que había vivido toda su vida en un pueblo de los valles de Yorkshire. Sid estaba acostumbrado a saber identificar todos los coches de su calle y donde estarían aparcados cada noche. Nunca había una razón por la que pitar el claxon. Aquí había personas, coches, taxis y un ruido estruendoso por todas partes, y Sid se encontró aferrándose al asiento de aquel taxi cuando se fue disparado a una velocidad increíble. "¡Dios mío!" pensó Sid. "¡Creo que mi vida nueva va a estar llena de sorpresas!".

For the first time he realized that he was not appropriately dressed.

Por primera vez se dio cuenta de que no estaba vestido adecuadamente.

2. FIRST IMPRESSIONS

As Sid's taxi sped along the road, he felt as though he was in a dream, flying through the air. There were so many different sights and sounds to take in that he could hardly catch his breath. He couldn't believe how the traffic around him seemed to weave in and out from one lane to another without crashing. Back home in Yorkshire Sid only drove his car once a week to visit his sister for Sunday lunch and then take her out for a ride through the dales. He couldn't really imagine himself driving here in Spain, although he knew it was one of things he would have to do.

As the road straightened out and the airport was left behind, they drove through a beautiful area of lakes whose waters almost lapped against the road side. The lakes had a mysterious air with reeds and wild birds and a quaint ruined stone tower. To his surprise Sid noticed a beautiful flock of flamingoes standing nonchalantly in full view of the road. There was a small group of people walking along one of the embankments dividing the lakes armed with binoculars and rucksacks and Sid made a mental note to find out more about bird watching activities once he was settled.

At the other side of the road Sid's attention was suddenly caught by a huge fluorescent sign in the shape of a lightly clad female. Sid gaped at it as the taxi drew closer and he saw it was fixed to a low brick building painted in garish colours with a canopied entrance and some rather expensive cars parked nearby. Sid was not sure exactly what this building was, although he noticed that the line of windows at the side each had its own small air-conditioning unit.

2. PRIMERAS IMPRESIONES

Mientras el taxi de Sid iba velozmente por la carretera, se sentía como si estuviese en un sueño, volando por el aire. Había tantas vistas y sonidos que asimilar que le costaba respirar. No podía creer cómo el tráfico se entrecruzaba de un carril a otro sin chocarse. Allá en Yorkshire Sid solo conducía su coche una vez a la semana para comer los domingos con su hermana y luego llevarla a dar una vuelta en coche por los valles. No se imaginaba conduciendo aquí en España, aunque sabía que sería una de las cosas que tendría que hacer.

Cuando la carretera se volvió recta y el aeropuerto fue quedando atrás, condujeron por una zona preciosa de lagos cuyas aguas casi alcanzaban la carretera. Los lagos tenían un aire misterioso con juncos y pájaros salvajes y una torre de piedra pintoresca. Sid se sorprendió al ver una hermosa bandada de flamencos despreocupados a plena vista de la carretera. Había un pequeño grupo de personas caminando por uno de los diques que dividían los lagos armados con prismáticos y mochilas y Sid pensó que debería averiguar algo más sobre esas actividades de observación de aves una vez se hubiese instalado.

Al otro lado de la carretera la atención de Sid fue captada de repente por un letrero fluorescente con la forma de una mujer ligera de ropa. Sid se quedó boquiabierto conforme se acercaba el taxi y lo vio pegado a un edificio bajo de ladrillo pintado con colores chillones con la entrada cubierta por un toldo y unos coches bastante caros cerca de ahí. Sid no estaba muy seguro de qué era ese edificio, aunque observó que la fila de ventanas del lado tenía sus propios pequeños sistemas de aire acondicionado.

"It must get very hot in there" he thought.

Finally the taxi drew near to another large area of houses. This time they were all brilliant white and set out in long rows lined with palm trees and interspersed with larger buildings. Night time was starting to fall and lights appeared here and there across the urban landscape. Sid looked into the distance and noticed for the first time a dramatic sunset light up the evening sky. The whole firmament had become a glorious mixture of reds, violets, oranges and pinks. Sid had rarely witnessed such a magnificent sight and tried hard to explain this to the taxi driver.

The taxi turned off and started to head towards the coast. As the road swept around to run alongside the sea, Sid gasped in wonder. Across a magnificent bay the moon was rising in a cloudless sky and shedding its borrowed light across the waters. "How lucky I am!" thought Sid with a deep sigh of satisfaction. He couldn't really remember what had brought him here in the first place, but he felt sure at that moment he was in the place he wanted to be.

"Deberá calentarse mucho ahí dentro" pensó.

Finalmente el taxi se acercó a otra enorme zona de casas. Esta vez eran todas de un blanco brillante, dispuestas en filas largas con palmeras, e intercaladas con edificios más grandes. Caía la noche y luces aparecieron por aquí y por allí atravesando el paisaje urbano. Sid miró hacía la lejanía y vio por primera vez una impresionante puesta de sol que iluminaba el cielo. Todo el firmamento se convirtió en una gloriosa mezcla de rojos, violetas, naranjas y rosas. Sid raramente había visto un paisaje tan magnífico e intentó explicárselo al conductor del taxi.

El taxi giró y empezó a dirigirse hacia la costa. Mientras la carretera se alineaba con el mar, Sid suspiró asombrado. A lo largo de una bahía magnífica la luna se elevaba en un cielo sin nubes y repartiendo su luz reflejada en el agua. "¡Qué suerte tengo!" pensó Sid con un suspiro de satisfacción. No podía recordar qué fue lo que le trajo aquí en primer lugar, pero en ese momento se sintió seguro de que estaba en el lugar en el que quería estar.

There were so many different sights and sounds to take in that he could hardly catch his breath.

Había tantas vistas y sonidos que asimilar que le costaba respirar.

3. LOOKING THE PART

By the time Sid arrived at his hotel he was already exhausted with all the excitement of the day. He fell into bed and went straight to sleep, vaguely noticing the air-conditioner humming in the background and the sound of people laughing and shouting in the street below. As it was already past midnight Sid thought it was odd that so many people, including small children, seemed to be out and about, but he assumed there must be some special reason.

At seven o'clock the following morning Sid woke up with a start. He looked around in confusion unable to remember where he was, but soon the events of the previous day came flooding back. Despite his tiredness the night before he was happy to see that he had remembered to put on his flannelette pyjamas and had folded his clothes neatly on the bedside chair. Breakfast was in half an hour, so having completed his ablutions, and rinsed his socks in the foot bath thoughtfully provided, Sid got himself ready for the day. He had an appointment to view his new home later in the week, allowing a few days to relax and have a good look around incognito.

An hour later, Sid emerged from the hotel equipped for his day's adventure. He was wearing a large straw hat to protect his head from the sun and had of course taken the extra precaution of covering his face with high factor sun cream. Hanging round his neck was his camera and a pair of binoculars, whilst his money pouch was fixed firmly around his waist. Although he thought that reports of dishonesty in the area were probably greatly exaggerated, it was always better to be safe rather than sorry. He had briefly toyed with

3. LA IMAGEN ADECUADA

Cuando Sid llegó a su hotel ya estaba agotado por toda la emoción del día. Se tiró a la cama y se durmió enseguida; vagamente notaba el zumbido del aire acondicionado al fondo y el sonido de la gente riéndose y gritando en la calle. Como ya era pasada la medianoche, a Sid le pareció extraño que tantas personas, incluyendo niños pequeños, estuviesen fuera en la calle, pero supuso que había algún motivo especial.

A las siete de la mañana siguiente Sid se despertó de un salto. Miró a su alrededor confuso sin poder recordar donde estaba, pero enseguida los acontecimientos del día anterior le volvieron a la mente. A pesar del cansancio de la noche anterior, se puso contento al ver que se había acordado de ponerse su pijama de franela y había doblado su ropa con cuidado en la silla al lado de la cama. El desayuno era dentro de una media hora, así que después de terminar su aseo, y aclarar sus calcetines en el lavabo para los pies instalado con tanto detalle, Sid se preparó para el día. Tenía una cita para inspeccionar su nuevo hogar más adelante en la semana, lo que le permitía unos días de relajación y así investigar sus alrededores de incógnito.

Una hora más tarde Sid salió del hotel preparado para la aventura del día. Llevaba puesto un gran sombrero de paja para proteger su cabeza del sol y por supuesto había tomado la precaución de cubrirse la cara de crema solar de alto factor. Colgado de su cuello llevaba su cámara de fotos y unos prismáticos, mientras colocaba su riñonera bien sujeta en su cintura. Aunque pensó que los informes sobre la deshonestidad en la zona eran probablemente muy exagerados, siempre valía más prevenir que curar. Había considerado la posibilidad de no

the idea of not wearing a vest but decided this might be a little too rash, so kept it on under his white polyester shirt with fine vertical stripes. To get himself into a continental frame of mind Sid had rolled up his sleeves to the elbow and had opted to wear his only pair of light khaki Bermuda shorts, bought in case he won a holiday competition to Benidorm in 1972. The outfit was completed by socks reaching just below the knee and brown leather lace up shoes. As Sid looked down at his feet he had a feeling that these were not entirely appropriate so he resolved to acquire a pair of sandals as soon as possible.

llevar camiseta interior pero decidió que eso era posiblemente un poco atrevido, así que se quedó con ella puesta debajo de su camisa de poliéster con rayas finas en vertical. Para hacerse más europeo Sid había remangado su camisa hasta los codos y había elegido ponerse su único par de bermudas, compradas por si acaso ganaba un concurso para unas vacaciones en Benidorm en 1972. El conjunto estaba completado con unos calcetines que le llegaban justo debajo de las rodillas y unos zapatos con cordones de cuero marrón. Cuando Sid se miró a los pies tuvo la sensación de que no eran totalmente apropiados así que se decidió comprar unas sandalias lo antes posible.

An hour later, Sid emerged from the hotel equipped for his day's adventure.

Una hora más tarde Sid salió del hotel preparado para la aventura del día.

4. FEELING AT HOME

Sid strolled out of his hotel down the busy narrow street trying not to look like a typical tourist by goggling at everything he saw. He did not want people to think that he felt in any way out of place. After twenty minutes of nervously dodging children, dogs, manholes, motorbikes, scaffolding, strolling ladies and rushing delivery men Sid was relieved to see ahead of him an acceptable looking café with a terrace. He managed to clear a path and collapsed into the nearest seat. He addressed the waiter in his best Spanish: *"Una taza de té inglés por favor señor"*. Imagine his astonishment when the waiter replied:

"Cuppa tea mate? Milk 'n sugar? Be with you in two tics."

Whilst Sid sipped his mug of tea, which he had to admit was a lot nicer than the one he had been served for breakfast at the hotel, Sid observed the scene around him. Actually he did more than observe, he also heard and smelt an entirely new world. It was as though the volume was turned up too high, with one noise competing with another to be heard. The general hum of traffic was interspersed with sounding horns, screeching tyres and running engines. Through the door of the café came the noise of a gaming machine and a television set playing pop song videos. At a table next to him there was a large family made up of several loud adults all talking at the same time and two or three small children screaming to make themselves heard. They also had a crying baby who was ignored for a while, and then picked up and cuddled in a noisy, demonstrative manner. As he listened more carefully, Sid also realized he could hear the waves of the sea just a few metres away and some dogs barking in the distance.

4. SINTIÉNDOSE COMO EN CASA

Sid salió de su hotel dando un paseo por la calle estrecha llena de gente, intentando no parecer el típico turista observando con asombro todo lo que veía. No quería que la gente pensase que se sentía fuera de lugar de ningún modo. Después de veinte minutos esquivando bastante nervioso a niños, perros, alcantarillas, motos, andamios, señoras paseando y repartidores con prisa, Sid estaba aliviado al ver un bar aceptable con una terraza. Consiguió hacerse un camino entre la gente y se tiró al asiento más cercano. Llamó al camarero en su mejor español —Una taza de té inglés por favor señor—. Imagina su sorpresa cuando el camarero le contestó:

—*Cuppa tea mate? Milk 'n sugar? Be with you in two tics.*

Mientras Sid bebía a sorbitos su taza de té, que tenía que reconocer sabía mejor que la que le sirvieron en el desayuno del hotel, Sid observaba la escena que le rodeaba. En realidad hizo más que observar, también oyó y olió un mundo completamente nuevo. Era como si hubiesen subido el volumen demasiado, con un sonido compitiendo con otro para ser oído. En el sonido general del tráfico se mezclaban los cláxones, ruedas que chirrían y motores encendidos. Por la puerta del bar venía el sonido de una máquina tragaperras y una televisión emitiendo videoclips de música pop. En la mesa de al lado había una familia grande formada por un grupo de varios adultos ruidosos todos hablando a la vez y dos o tres niños gritando para hacerse oír. También había un bebé llorando al que ignoraron durante un rato, y luego lo cogieron y calmaron de forma ruidosa y afectuosa. Mientras escuchaba con más atención, Sid se dio cuenta de que podía oír las olas del mar a unos metros de distancia y algunos perros ladrando a lo lejos.

Even the smells here were different from the damp green air of Yorkshire. There was a sweet smell of baking coming from one of the nearby shops, whilst some of the ladies walking passed left in their wake a strong aroma of Spanish cologne and there was the mixed scent of exotic tobaccos, coming from a variety of cigarettes and cigars quite different from those back home.

"Back home", thought Sid. He repeated the words to himself again: "Back home." He had made the decision that this alien and chaotic place would be his home from now on, but he wondered how long it would take for him to really feel at ease. He was gazing out at the blue sea, glinting between picture-book palm trees and shining white balustrades when an elegant Spanish lady crossed his path. For some reason he suddenly remembered his dear sister Mary who would be waiting anxiously to hear from him. "How could I be so selfish!" he thought, and he decided to go in search of a shop that would sell some postcard images of his amazing new place of residence.

Incluso los olores de aquí eran distintos del aire verde y húmedo de Yorkshire. Había un dulce aroma de pastelería que provenía de una de las tiendas cercanas, mientras, algunas de las señoras que paseaban, dejaban una estela de fragancia intensa española y había una mezcla de aroma de tabacos exóticos que venían de una variedad de cigarrillos y puros bastante distintos a los de casa.

"De casa" pensaba Sid. Se repitió las palabras otra vez: "De casa". Había tomado la decisión de que este lugar caótico y ajeno sería su hogar de ahora en adelante, pero se preguntó cuánto tiempo tardaría en sentirse cómodo. Estaba mirando el mar azul, destellante entre palmeras de dibujo y blancas y brillantes balaustradas, cuando una elegante mujer española se cruzó en su camino. Por alguna razón se acordó de repente de su querida hermana Mary quien estaría ansiosa por saber algo de él. "¡Cómo puedo ser tan egoísta!" pensó, y decidió ir en busca de una tienda que vendiese postales con imágenes de su increíble nuevo lugar de residencia.

It was as though the volume was turned up too high, with one noise competing with another to be heard.

Era como si hubiesen subido el volumen demasiado, con un sonido compitiendo con otro para ser oído.

5. KEEP RIGHT

After a couple of days of taking it easy, Sid decided it was time for his first big challenge which was to hire a car. He had a few days left before viewing his new house for the first time, and as he only had a vague idea where it was, he needed to start exploring the area. The process of car hire was very easy as the lady in the office spoke excellent English and was extremely efficient. She gave Sid several instructions and pieces of paper, all of which seemed to make sense. Sid's real concern was whether he would be able to drive on the right as he had never done this before, and the lady did not understand when he asked if there was a Spanish Highway Code.

Sid walked with some trepidation towards the car, which was a small Italian model that he had somehow never imagined himself driving. He slid into the driver's seat, looked around him, took a very deep breath and turned the key in the ignition. The car jolted forward and stalled, making Sid's heart miss a beat and start to race. He looked down at the controls and realized that the car had been left in gear; something which Sid had been taught many years ago was never necessary to do.

Calming himself down with another deep breath, he checked that the gears were now in neutral and started the engine whilst turning his head left and looking through the window in a vague search for the rearview mirror. For a split second he was amazed that Spanish cars didn't have a rearview mirror, until he realized his foolish error. Slowly the car edged forward and Sid indicated his intentions with the windscreen wipers. As he moved out on

5. MANTÉNGASE A LA DERECHA

Tras un par de días de tranquilidad, Sid decidió que era hora de su primera gran hazaña, que era alquilar un coche. Le quedaban unos días antes de ver su nueva casa por primera vez, y como solo tenía una vaga idea de dónde estaba, necesitaba empezar a explorar la zona. El proceso del alquiler de coche fue muy fácil ya que la señora de la oficina hablaba muy bien inglés y era extremadamente eficiente. Le dio a Sid una serie de instrucciones y papeles, los cuales parecían tener sentido. La verdadera preocupación de Sid era si sería capaz de conducir por la derecha ya que nunca lo había hecho antes, y la señora no entendió cuando preguntó si existía una Guía de Normas de Tráfico española.

Sid caminó de forma trepidante hacia el coche, que era un pequeño modelo italiano que nunca se había imaginado conduciendo. Se introdujo en el asiento del conductor, miró a su alrededor, respiró profundamente y giró la llave de contacto. El coche se caló, haciendo que el corazón de Sid se perdiese un latido y luego latiese rápidamente. Miró abajo a los controles y se dio cuenta de que el coche había sido dejado con la marcha puesta; algo que Sid había aprendido muchos años atrás que nunca era necesario hacerlo.

Calmándose otra vez y tomando aire, chequeó que las marchas estuviesen en punto muerto y encendió el motor mientras giraba la cabeza a la izquierda buscando el retrovisor de una manera perdida por la ventana. Por una fracción de segundo se asombró que los coches españoles no tuviesen espejo retrovisor, hasta que se dio cuenta de su error tonto. Lentamente el coche fue hacia adelante y Sid indicó sus intenciones con los limpiaparabrisas. Al adentrarse en la

the road he went for another gear change and smashed the back of his hand against the car door. "Ouch" Sid cried out loud, as he struggled to change hand, change gear and keep the car in a straight line, whilst a saloon car full of teenagers overtook him on what Sid thought with horror was the wrong side.

Gradually Sid's car juddered and stumbled forward until it came to a roundabout. Panic seized Sid by the throat when he saw the movement of traffic ahead of him, more akin to fairground dodgems which he had never particularly liked even when young. His foot went instinctively to the brake and he nearly projected himself through the windscreen as he heard the screech of tyres and a loud horn blast right behind him.

"Oh well, here goes," he thought, with the fatalism of a parachutist on his first leap, as his car made another lurch into the stream of fast moving traffic. Sid clung to the wheel in terror as he got swept along and around the roundabout three times. Eventually he came to his senses and checked his rearview mirror once more through the window, smashed the back of his hand against the door and turned on the wipers whilst boldly cutting right across the path of yet another irate-looking local.

carretera quiso cambiar de marcha y se dio un golpe en la mano contra la puerta del coche. —¡Ay! —gritó Sid, mientras intentaba cambiar de mano, cambiar de marcha y conseguir que el coche siga en línea recta, mientras un turismo lleno de adolescentes le adelantaban por lo que Sid pensó con horror, era el lado incorrecto.

Gradualmente el coche de Sid vibró y tropezó hasta llegar a una rotonda. El pánico se adentró en Sid al ver el movimiento del tráfico enfrente, más parecido a los coches de choque de la feria, los cuales no le habían gustado ni de joven. Su pie fue instintivamente al freno, y casi se metió en el parabrisas mientras oía el chillido de neumáticos y un alto pitido detrás de él.

"Bueno, allá vamos", pensó, con la fatalidad de un paracaidista en su primer salto, mientras su coche intentó de nuevo meterse en el rápido tráfico. Sid se sujetó al volante con terror mientras se arrastraba hacia la rotonda, donde llegó a rodearla hasta tres veces. Al final se espabiló y buscó el espejo retrovisor una vez más por la ventana, se golpeó la parte de atrás de la mano contra la puerta y puso los limpiaparabrisas mientras repentinamente, cruzó el camino de otro lugareño más de aspecto enfadado.

Slowly the car edged forward and Sid indicated his intentions with the windscreen wipers.

Lentamente el coche fue hacia adelante y Sid indicó sus intenciones con los limpiaparabrisas.

6. THE SEAGULL HAS LANDED

At last the big day came when Sid had to meet up with his estate agent Frank and be accompanied to a place called the Notary. Sid had no clear idea what this was but realized it was an important step to actually getting into his house at last. Sid was astonished when Frank had casually instructed him to take twenty thousand euro cash along with him. Despite being told that this was quite normal in Spain, he found himself whispering the request to the bank cashier and cringing with embarrassment when she all but shouted in reply: "If you want twenty thousand euros you have to order the money and come here again tomorrow morning". He thought everyone at the bank would turn round and stare, but no one seemed to bat an eyelid.

The next morning, after picking the money up in a big brown envelope, Sid went to meet Frank at a town centre coffee bar, something else he thought was odd and made him feel a little like a wartime spy. As he walked out of the hotel wearing his best suit and carrying a small briefcase full of important documents and a large amount of cash, he really started to feel the part and found himself looking furtively over his shoulder and thinking up secret codes like "The seagull has landed."

Frank shook Sid's hand warmly and checked he had everything he needed on him, including his passport, which Sid was relieved to find he had remembered at the last minute. Frank then explained that he had yet more pieces of paper that needed signing, this time something to do with his electricity and water connections. Sid really preferred to be in control of things like this himself, but Frank explained that things

6. HA LLEGADO LA GAVIOTA

Por fin llegó el gran día, en el que Sid tenía que quedar con su agente inmobiliario Frank y ser acompañado a un lugar llamado la Notaría. Sid no tenía ninguna idea clara de qué era, pero se dio cuenta de que se trataba de un paso importante para por fin entrar en su casa. Sid se sorprendió cuando Frank le instruyó con aire de naturalidad, que se trajese veinte mil euros en efectivo. A pesar de que le dijo que era algo bastante normal en España, se encontró susurrándole a la cajera del banco y encogiéndose de vergüenza cuando ella prácticamente gritó: —Si quieres veinte mil euros tienes que pedir el dinero y volver aquí mañana por la mañana—. Pensó que todos en el banco se darían la vuelta y le mirarían fijamente, pero a nadie le pareció interesar.

A la mañana siguiente, después de recoger el dinero en un sobre grande y marrón, Sid fue a quedar con Frank en una cafetería en el centro de la ciudad, otra cosa que le parecía rara y que le hacía sentir como a un espía en tiempos de guerra. Al salir del hotel con su mejor traje, llevando un maletín pequeño lleno de documentos importantes y muchísimo dinero, empezó a sentirse de verdad como un espía y se encontró mirando furtivamente por encima del hombro y pensando en códigos secretos como "Ha llegado la gaviota".

Frank le estrechó la mano a Sid efusivamente y, comprobó que tenía todo lo necesario, incluyendo el pasaporte; Sid se sentía aliviado por haberse acordado de él en el último minuto. Frank, le explicó que tenía todavía más papeles que necesitaban ser firmados, esta vez tenía algo que ver con sus conexiones de electricidad y agua. Sid, realmente quería tener el control de estas cosas, pero Frank le explicó que las cosas

were done so differently in Spain that it was better to leave it to the experts.

With the coffee paid for by Frank they walked to the Notary's office and found themselves waiting for a very long time. Frank seemed to have plenty to do with a constant stream of mobile phone calls. As the morning wore on he seemed to get more and more irate, even cursing under his breath at times, but when he caught Sid's eye he always remembered to smile brightly. Sid thought his job must be full of stress and was glad that he himself had now retired.

At last they were ushered into a plush office and told where to sit. Sid felt completely out of his depth as torrents of Spanish flowed over his head, papers were passed around and the brown envelope disappeared across the table. His passport was taken away and given back again and from time to time he heard his name mispronounced. He had a strange feeling of distance and at one point thought he might faint. When Sid finally made it back onto the street he declined Frank's kind offer of a celebratory drink and staggered back to his hotel.

en España se hacían de forma totalmente diferente, y que lo mejor era dejárselo a los expertos.

Con el café pagado por Frank, caminaron hacia la oficina de la Notaría y se encontraron esperando mucho tiempo. Frank parecía tener mucho que hacer con un flujo constante de llamadas por el móvil. A medida que pasaba la mañana parecía enfadarse cada vez más, incluso diciendo palabrotas en voz baja de vez en cuando, pero cuando su mirada se encontraba con la de Sid siempre se acordaba de sonreírle. Sid pensó que su trabajo debería ser muy estresante y se sentía aliviado de estar jubilado.

Por fin fueron llevados a un despacho lujoso y les dijeron donde sentarse. Sid se sintió completamente perdido mientras torrentes de español fluían por encima de su cabeza, se pasaron papeles y el sobre marrón desapareció de un lado a otro de la mesa. Se llevaron su pasaporte y luego se lo devolvieron, y de cuando en cuando escuchaba su nombre mal pronunciado. Tenía una extraña sensación de distancia y por un momento pensó que se desmayaría. Cuando Sid finalmente llegó a la calle, rechazó la oferta amable de Frank de ir a celebrarlo tomando algo y se fue tambaleándose de vuelta a su hotel.

Frank seemed to have plenty to do with a constant stream of mobile phone calls.

Frank parecía tener mucho que hacer con un flujo constante de llamadas por el móvil.

7. LOOKING FOR BEGOÑA

The morning after the visit to the notary Sid woke up once more in his hotel room and noticed a set of keys lying on his bedside table. The events of the day before came flooding back to him and he remembered that today was the big day when he was finally going to enter his house. The keys had a label which simply said *"Parcela 36"*, Sid knew that the name of his house design was *"Begoña"* and he also had a piece of paper with a sketched map of its location. "It should be easy enough to find," thought Sid, with his usual cheery optimism.

Over the last few days his driving had become much more confident and he had even picked up the odd local habit like not using his handbrake at traffic lights. He found the Spanish way of driving rather exhilarating, as it brought out the more carefree side of his personality.

After about twenty minutes on the road Sid turned into the area his piece of paper suggested and was impressed by the gleaming white villas that met his eye. They were somewhat larger than his new home, but he was clearly in a good neighbourhood. After about two blocks he noticed that some of the houses were still incomplete. There were cement mixers in the front gardens and a small group of workmen in overalls was sitting around on the pavement with flasks and sandwiches obviously having a break. Sid thought this was odd as it was only ten o'clock in the morning.

As his car moved forward Sid discovered that the road itself had not been completed and there were all kinds of obstacles: concrete blocks, open manholes and electric wiring impeding his progress. Rather alarmingly, the sketch

7. BUSCANDO A BEGOÑA

La mañana después de la visita al notario, Sid se despertó una vez más en su habitación de hotel y notó unas llaves encima de la mesilla de noche. Los acontecimientos del día anterior le inundaron la cabeza y se acordó de que hoy era el gran día, por fin iba a entrar en su casa. Las llaves tenían una etiqueta que simplemente ponía "parcela 36", Sid sabía que el nombre de su casa era "Begoña" y además tenía un trozo de papel con un mapa dibujado con su ubicación. "Será fácil encontrarlo", pensó Sid, con su optimismo habitual.

Durante los últimos días, su conducción había ganado confianza y hasta se le había pegado alguna costumbre local como no usar el freno de mano en los semáforos. Encontró la forma de conducir española excitante, ya que sacaba su lado más libre.

Después de unos veinte minutos en la carretera, entró en la zona que le había indicado el trozo de papel y se quedó impresionado por los chalets blancos y brillantes que encontró. Eran más grandes que su nueva casa, pero evidentemente estaba en un buen vecindario. Después de dos manzanas empezó a notar que algunas de las casas todavía estaban incompletas. Había hormigoneras delante de los jardines y un pequeño grupo de trabajadores en monos sentados en la acera con termos y bocadillos, obviamente tomando el descanso. A Sid le pareció raro ya que tan solo eran las diez de la mañana.

Mientras su coche avanzaba, Sid descubrió que la carretera misma no estaba terminada y había en ella todo tipo de obstáculos: bloques de hormigón, alcantarillas abiertas y cables eléctricos impidiendo el progreso. Se dio cuenta con

he had in his hand no longer resembled anything he could see through his windscreen.

"Must have taken a wrong turning" thought Sid, but he was unable to work out which way he should now turn. As he crawled and stumbled along, praying that he was not damaging his hire car or going to be apprehended for trespassing, Sid eventually returned to an area of asphalted road and breathed a huge sigh of relief. After driving on a few more metres he decided to park his car and get out. The houses in this road were smaller but still gleaming white with low walls around tiled front terraces and open boxes with thick black cables near each front gate.

Sid stepped over a tool box and approached a workman, extending his piece of paper like a peace offering and smiling bravely. The workman took the paper and shouted *"Paco!"* Suddenly a short, stocky man appeared from behind a house, held out his hand for Sid's set of keys, and made a beckoning motion with a word that sounded like *"benga."* Sid thought this must be some kind of indigenous dialect and followed meekly behind.

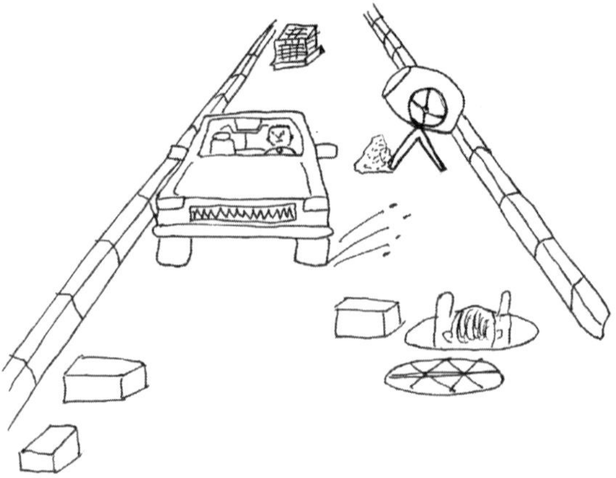

desconcierto, de que el dibujo que tenía en su mano ya no se parecía a nada de lo que veía por el parabrisas.

"Me debo haber equivocado de camino" pensó Sid, pero no era capaz de averiguar por dónde debía girar. Mientras avanzaba tropezando, y rezando para no dañar su coche de alquiler o para que no le detuviesen por entrar sin autorización en propiedad privada, Sid finalmente volvió a una zona de carretera asfaltada, y suspiró profundamente con alivio. Después de conducir unos cuantos metros más, decidió aparcar su coche y bajar. Las casas en esta calle eran más pequeñas, pero aun eran blancas y brillantes con muros bajos alrededor de terrazas y cajas abiertas con cables negros y gruesos al lado de cada puerta.

Sid pasó por encima de una caja de herramientas y se acercó a un trabajador, mostrando el trozo de papel como una ofrenda de paz y sonriendo con valentía. El obrero cogió el papel y gritó —¡Paco!—. De repente un hombre bajito y fuerte apareció de detrás de una casa, sacó la mano para coger las llaves de Sid, e hizo un gesto de invitación con una palabra que sonaba como *"benga"*. Sid pensó que sería un dialecto indígena y le siguió tímidamente.

Rather alarmingly, the sketch he had in his hand no longer resembled anything he could see through his windscreen.

Se dio cuenta con desconcierto, de que el dibujo que tenía en su mano ya no se parecía a nada de lo que veía por el parabrisas.

8. OVER THE THRESHOLD

Sid turned the key in the lock of the shiny wooden front door of his new home. As the door swung open he gasped at what he saw before him. No amount of sketches or computer drawings could have prepared him for this exquisite, open-plan interior. Sid had never owned anything so pristine and stylish. The brown tiled floors gave an impression of open space and contrasted with the whiteness of the walls and ceilings. Large modern windows allowed the sunshine to pour into the room. Sid stepped carefully across the room to the kitchen area set into an alcove at the back. He made another gasp as he saw fitted units and electrical equipment belonging to an era he had only just become aware of.

Sid nervously shuffled through his bunch of keys to open his patio doors. A brand new terrace lay at his feet, still muddy and rough around the edges, but there, in the sunshine, waiting to be used. The next door to be opened led to a bathroom. For some reason this door opened across the toilet itself, blocking the corner of the washbasin and making any manoeuvre within the room an impossibility. Sid took this in as a minor detail which was not going to diminish his joy.

Next Sid ventured up the broad open staircase, beautifully decorated with flowered tiles, to his two bedrooms, bathroom and balcony. All was exactly as it should be, except that the arrangement was slightly different from what he had remembered, as one of the bedrooms was cone-shaped rather than the expected rectangular. Sid tried hard to dismiss this as another insignificant detail amidst all this Mediterranean chic.

8. CRUZANDO EL UMBRAL

Sid giró la llave en la cerradura de la brillante puerta principal de madera de su nuevo hogar. Al abrir la puerta dio un grito sofocado al ver lo que tenía delante. Ningunos de los bocetos, ni los dibujos digitales, le habían preparado para este exquisito interior de planta abierta. Sid nunca había sido dueño de algo tan inmaculado y estiloso. El suelo de baldosas marrones le daba una sensación de espacio abierto y contrastaban con la blancura de las paredes y el techo. Enormes ventanas modernas permitían que la luz inundase la habitación. Sid atravesó cuidadosamente por la habitación hasta la cocina situada en el hueco de una esquina del fondo. Suspiró de nuevo al ver los armarios empotrados y el equipamiento eléctrico, perteneciente a una era de la que había tomado conciencia hacía poco.

Sid buscó entre el puñado de llaves de forma nerviosa para abrir las puertas de su patio. A sus pies encontró una terraza nueva, todavía sucia con barro y desigual por los laterales, pero ahí esperando en el sol, para ser usada. La siguiente puerta que abrió fue la del aseo. Por alguna razón la puerta se abrió cruzando delante del retrete, bloqueando la esquina del lavabo y haciendo que cualquier movimiento dentro del baño fuera una imposibilidad. Sid se lo tomó como un pequeño detalle que no iba a disminuir su alegría.

Después Sid subió las anchas escaleras, bellamente decoradas con baldosas de flores, hasta sus dos habitaciones, aseo y balcón. Todo estaba exactamente como debería ser, excepto que la disposición era un poco distinta de lo que recordaba, ya que una de las habitaciones tenía forma de cono en vez del esperado rectángulo. Sid intentó con todas sus fuerzas olvidar este otro insignificante detalle en medio de toda esta elegancia mediterránea.

Sid could not quite believe that this beautiful house was really his, and it then briefly crossed his mind that he didn't really have proof that it was his, no papers signed and sealed, just a bunch of keys handed to him by someone. He felt a sudden sense of isolation; where was Paco? And didn't Frank say that he would be with him today? Sid couldn't quite remember what all the arrangements had been.

This brief moment of doubt quickly dissipated at the sound of knocking coming from downstairs, followed by a call: "Hello! Is anybody there?" Sid ran down the stairs, his hand reaching for a non-existent rail, as the front door opened wide to reveal a friendly-looking middle-aged couple.

"Hello! I'm Joan and this is my husband Jim. We're your next-door neighbours!" There was no doubt that these were fellow countrymen and Sid recognized their strong Midlands accents. Sid had always imagined living amongst Spanish people, but at that moment he felt a huge wave of relief at the sense of familiarity Joan and Jim brought with them. It was as though he was greeting old friends.

Sid no se podía creer que esta bella casa fuera suya de verdad, y de forma breve cruzó su mente el hecho de que verdaderamente no tenía pruebas de que fuese suya, no había papeles firmados ni sellados, solo un puñado de llaves que se las había dado alguien. De repente sintió una sensación de aislamiento: ¿Dónde estaba Paco? ¿Y no había dicho Frank que estaría con él ese día? Sid no pudo recordar muy bien los planes que se habían hecho.

El breve momento de duda desapareció con el sonido de alguien tocando la puerta de abajo, seguido de unas voces: —¡Hola! ¿Hay alguien ahí?—. Sid bajó las escaleras corriendo, buscando con su mano un pasamanos inexistente, mientras la puerta se abría y aparecía una amistosa pareja de mediana edad.

—¡Hola! Soy Joan y este es mi marido Jim. ¡Somos tus vecinos!—. No había duda de que eran compatriotas y Sid reconoció su acento fuerte de la zona central de Inglaterra. Sid siempre se había imaginado viviendo rodeado de españoles, pero en ese momento sintió una enorme ola de alivio a la sensación de familiaridad que trajeron Joan y Jim. Era como si estuviese saludando a viejos amigos.

The front door opened wide to reveal a friendly-looking middle-aged couple.

La puerta se abría y aparecía una amistosa pareja de mediana edad.

9. MEETING THE NEIGHBOURS

Sid greeted Joan and Jim warmly and apologized for having nowhere to sit down. Joan sent Jim off to get some folding chairs and explained to Sid that his furniture package would probably arrive in another day or two.

"I'm afraid I've only been here half an hour, so I can't offer you a cup of tea" said Sid as Joan and Jim settled into their chairs into the middle of the living room.

"Oh, don't worry! You can come round to our house any time for anything you need!" said Joan warmly as she cast her eye around the room. "Mmmm, I think your living room is slightly bigger than ours. Can I have a look upstairs?"

"Of course!" said Sid as Joan disappeared.

"So, where are you from then?" asked Jim.

Within seconds Sid discovered that Jim knew the area he was born and had even stayed overnight in the guesthouse opposite his sister Mary's.

"It's a small world!" said Jim.

"Indeed it is!" said Sid, as Joan rejoined them.

"We've got the same problem with the downstairs toilet." interrupted Joan. "We've been down to the builder's office every day to try and get them to fix it. And the rail for the stairs – you'll need to get that sorted, it's a death trap. Your guest bedroom is a funny shape isn't it?" Joan did not wait for Sid's response before she explained that they had been in their house for just over two weeks and therefore knew the ropes. You'll have to keep on at them unfortunately. You know what the Spanish are like, all *"mañana, mañana"*. Nice people, and they always prefer it if you speak a bit

9. CONOCIENDO A LOS VECINOS

Sid saludó a Joan y Jim afectuosamente y se disculpó por no tener sillas donde sentarse. Joan mandó a Jim a por unas sillas plegables y le explicó a Sid que sus muebles probablemente tardarían un día o dos en llegar.

—Lo siento, solo llevo aquí media hora así que no podré ofrecerles una taza de té —dijo Sid, mientras se sentaban Jim y Joan en medio del salón.

—¡No te preocupes! ¡Puedes pasarte por nuestra casa cuando quieras, para lo que necesites! —dijo Joan de manera afectuosa mientras miraba a su alrededor. —Mmmm, creo que tu salón es un poco más grande que el nuestro. ¿Puedo mirar arriba?

—¡Claro! —dijo Sid mientras Joan desaparecía.

—Bueno, ¿de dónde eres? —le preguntó Jim. En cuestión de segundos, Sid descubrió que Jim conocía la zona donde nació e incluso, había pasado una noche en la pensión que había enfrente de la casa de su hermana Mary.

—¡El mundo es como un pañuelo! —dijo Jim.

—¡La verdad es que sí! —dijo Sid, a la vez que entraba Joan.

—Tenemos el mismo problema con el baño de abajo — interrumpió Joan. —Hemos estado en la oficina del constructor todos los días intentando que nos lo arreglen. Y el pasamanos de la escalera, necesitas que te lo pongan, es muy peligroso. Tu habitación de invitados tiene una forma rara ¿no?—. Joan no esperó a la respuesta de Sid, y comenzó a explicar que llevaban dos semanas en su casa y por lo tanto sabían cómo funcionan las cosas. —Desafortunadamente tendrás que ir tras ellos. Ya conoces a los españoles, siempre "mañana, mañana". Buena gente, y siempre prefieren que hables un poco

of Spanish. I'm hopeless but Jim can get by, can't you love? So don't worry about that, if you need any translating Jim'll do it for you. Just let us know when you want to go down there."

"Down where?" said Sid, feeling that he was losing the thread.

"The builder's office. We practically live there! They're sick of us down there. The girl's very nice but she doesn't speak a word of English. Did you meet Paco? He's the man you want, but he's very elusive. Actually, we've only seen him once. Would you like us to show you round the urbanization?"

"Oh yes, thanks, that would be very nice," said Sid.

For the first time Sid noticed that he still had a trench across the front of his house. For some reason this had escaped his attention earlier. This presumably meant that some essential pipes or cables were not yet in place. They walked across the plank provided and started their tour of the estate. It wasn't as near completion as Sid had hoped. There was a hole where the swimming pool would be but most of the houses at least had their foundations laid, which, according to Jim, was a good sign.

de español. A mí no se me da nada bien pero Jim se defiende, ¿a que sí cariño? Así que no te preocupes por eso, si necesitas un traductor Jim te ayudará. Solo dínoslo cuando quieras bajar hasta allí.

—¿Bajar dónde? —dijo Sid, sintiéndose como si hubiese perdido el hilo de la conversación.

—A la oficina del constructor. ¡Prácticamente vivimos ahí! Están hartos de nosotros. La chica es muy simpática pero no habla nada de inglés. ¿Conociste a Paco? Ese es el hombre que necesitas, pero es muy difícil de localizar. La verdad es que solo le hemos visto una vez. ¿Quieres que te enseñemos la urbanización?

—Sí, gracias, eso estaría muy bien —dijo Sid.

Por primera vez Sid se dio cuenta de que todavía tenía una trinchera delante de su casa. Por alguna razón antes se le había pasado. Esto quería decir que algunos tubos y cables aun no estaban en su sitio. Pasaron por encima de la tabla de madera proporcionada para cruzar y comenzaron su inspección de la urbanización. No estaba tan cerca de su terminación como había esperado Sid. Había un agujero donde debería estar la piscina, pero al menos a la mayoría de las casas se les había puesto los cimientos, que, según Jim, era buena señal.

The urbanization wasn't as near completion as Sid had hoped.

La urbanización no estaba tan cerca de su terminación como había esperado Sid.

10. A PASSING SHIP

Joan and Jim lent Sid some chairs and a fold-up bed and filled his kitchen with essential supplies before setting off to lay siege once more to the builder's office. They seemed delighted to take Sid under their wing and he was only too grateful for their help, despite his usual independence. They explained all kinds of things to him about living in Spain that Sid knew absolutely nothing about and he was impressed by their knowledge and wisdom.

After a day or two Sid received a voice message in Spanish on his brand new mobile phone. After listening six times he identified the words *"muebles"* and also understood *"jueves"* which he knew meant Thursday, so assumed that was when his furniture would at last be delivered. When Thursday arrived Sid got up especially early and waited with anxious anticipation on his balcony which was the only place his mobile phone seemed to work. He didn't dare move away from his post, even when Joan and Jim insisted on taking him out for a drink, so in the end they brought some bottles and three wine glasses round to him instead.

Several hours and wine bottles later, as darkness was beginning to fall, Sid's mobile phone suddenly rang. He jumped out of his skin, spilling some wine on his trousers which made Joan and Jim laugh rather a lot. He pressed the green button with a shaky finger and said *"Hola"* as clearly as he could. He heard a voice making strange noises which could barely be described as words; they were more like a flow of guttural sounds with some sort of questioning tone at the end.

10. UN BARCO QUE PASABA

Joan y Jim le prestaron a Sid, unas sillas y una cama plegable y llenaron la cocina con las provisiones esenciales antes de ir a asediar una vez más, a los de la oficina del constructor. Parecían encantados de cuidar a Sid y él les estaba muy agradecido por su ayuda a pesar de su independencia habitual. Le explicaron todo tipo de cosas sobre la vida en España de las que Sid no tenía ni idea y estaba impresionado por sus conocimientos y sabiduría.

Tras varios días Sid recibió un mensaje de voz en español en su nuevo teléfono móvil. Después de escucharlo seis veces identificó las palabras "muebles" y también entendió "jueves" lo que sabía que quería decir *"Thursday"*, así que supuso que sería entonces cuando por fin traerían sus muebles. Cuando llegó el jueves Sid se levantó especialmente temprano y esperó impaciente, con antelación en su balcón que era el único lugar donde tenía cobertura. No se atrevió a moverse, incluso cuando Jim y Joan le insistieron para ir a tomar algo, así que al final, ellos trajeron algunas botellas y tres copas a su casa.

Tras varias horas y botellas de vino, cuando ya empezaba a oscurecer, el móvil de Sid sonó de repente. Saltó de golpe, cayéndosele el vino en los pantalones lo que hizo que Joan y Jim se riesen un buen rato. Presionó el botón verde con un dedo tembloroso y dijo: —Hola —de la forma más clara que pudo. Oyó una voz haciendo sonidos extraños que casi no se podrían definir como palabras; eran más como una corriente de sonidos guturales con una especie de tono de pregunta al final. Decidido a no desanimarse contestó:

Determined not to be put off Sid replied *"Sí, Sid. Errr… en mi casa."* The guttural noise continued unabated and Sid passed the phone over to Jim in panic. Jim grabbed the phone and shouted: *"Sí, sí, Sid … eerr, What? Lo siento … inglesi …. Que? What?* – Oh dammit, the bastard's speaking some sort of dialect! Why can't these people speak proper Spanish!" and flung the phone back to Sid in disgust.

Sid held the phone in his hand as though it was a time bomb about to explode, and jumped when it rang once more. *"Hola"* he tried again, bracing himself for the jumble of sounds that came back over the airwaves. Eventually he thought he heard the name of the urbanization which he had only just found out himself. *"Sí, sí. Sunny Dreams. Sí, sí. Errr, Mi go in calle, mi go in calle"* he shouted as he rushed downstairs and into the middle of the street. As he caught a glimpse of a delivery van weaving its way in the distance he jumped up and down and waved his arms around in desperation. When the van finally turned into Sid's road he felt like Robinson Crusoe being rescued by a passing ship.

—*Sí, Sid. Eemm... en mi casa* —. El sonido gutural continuó sin disminución y Sid le pasó el móvil a Jim aterrado. Jim cogió el móvil y gritó:

—*Sí, sí, Sid,... eemm, what? Lo siento... inglesi... que? What?*- ¡joder, el cabrón habla algún tipo de dialecto! ¡¿Por qué esta gente no habla en español normal?! —y le lanzó el móvil de vuelta a Sid indignado.

Sid sujetó el móvil como si fuese una bomba de relojería a punto de explotar, y saltó cuando sonó una vez más. —Hola —intentó de nuevo, preparándose para el lío de sonidos que le volvían en el aire. Eventualmente pensó haber oído el nombre de su urbanización el cual, se acababa de enterar. —*Sí, sí. Sunny Dreams. Sí, sí. Emmm, Mi go in calle, mi go in calle* —gritó mientras corría escalera abajo hacia la calle. Cuando vio el camión conduciendo en zigzag a lo lejos comenzó a saltar y a agitar los brazos con desesperación. Cuando el camión por fin entró en la calle, Sid se sintió como Robinson Crusoe rescatado por un barco que pasaba.

When the van finally turned into Sid's road he felt like Robinson Crusoe.

Cuando el camión por fin entró en la calle, Sid se sintió como Robinson Crusoe.

11. MISSING DOCUMENTS

After a couple of weeks in his new home Sid gradually started to get used to his surroundings and his days took on some sort of routine. He found he did not need to set his alarm in the morning because he was woken up at 8 o'clock on the dot by an angle-grinder in one of the nearby unfinished houses. He wasn't sure what was being ground, but it was taking a long time. Next several cement mixers would start up and the voices of workmen, sometimes shouting orders or sometimes just chatting together, would accompany him throughout the morning, whilst at ten o'clock sharp all the mechanical noises stopped for a break of exactly half an hour.

Sid also started to see other newcomers arriving in the houses around, but he was rather too reserved to go out of his way to greet them, and left this task to Jim and Joan who were fast becoming the hub of the whole urbanization. Joan knew everybody's business, which was a comfort in a way, and Jim was a fountain of knowledge about all things Spanish.

Jim and Joan gave everyone advice about life in Spain as well and kept saying how important it was to be "legal." As Sid had never been illegal in his life, apart from once when he forgot to pay a parking fine in 1967, he thought this was rather strange. However, he was in a different country now and was happy to receive any advice, especially as his estate agent Frank was no longer answering his mobile.

So one morning, after the eight o'clock angle-grinder but before the ten o'clock work break, Sid set off to make

11. DOCUMENTOS QUE FALTAN

Después de varias semanas en su nuevo hogar, Sid gradualmente se fue acostumbrando a sus alrededores y sus días empezaron a tener cierta rutina. Encontró que no hacía falta poner el despertador por las mañanas, porque le despertaba a las ocho en punto una máquina radial en una de las casas en construcción cercanas. No estaba seguro de lo que estaban pulverizando pero tardaba mucho. Después empezarían a funcionar varias hormigoneras y las voces de los obreros, algunas veces gritando órdenes y otras simplemente charlando, le harían compañía durante la mañana, mientras que a las diez en punto todos los sonidos mecánicos se pararían para un descanso de justo media hora.

Además Sid empezó a ver a más gente llegar a las casas de alrededor, pero era demasiado reservado para ir a darles la bienvenida, y les dejó esta labor a Jim y Joan que rápidamente se estaban convirtiendo en el centro de poder de la urbanización. Joan conocía los asuntos propios de todo el mundo, lo cual era confortante en cierta manera, y Jim era una fuente de sabiduría sobre todo lo español.

Jim y Joan también daban consejos a todo el mundo sobre la vida en España y no paraban de repetir lo importante que era ser "legal". Como Sid nunca había sido ilegal en su vida, a parte de una vez cuando se le olvidó pagar una multa por aparcar mal en 1967, pensó que esto era un poco extraño. Pero en fin, ahora estaba en un país diferente y estaba agradecido por recibir cualquier consejo, especialmente ya que su agente inmobiliario Frank no le contestaba al móvil.

Así que una mañana, después de la máquina radial de las ocho pero antes del descanso de las diez, Sid marchó para

himself "legal" at the town hall, clutching the only official papers he could find: his passport and a bank receipt for his house payment. He went to a counter and repeated the sentence he had rehearsed about getting something called a "*padron*". The young man pointed to a very long queue which Sid meekly joined.

After a very long wait Sid made it to the front of the queue and repeated his sentence, offering his passport to a rather sour looking lady. She scowled at Sid and asked him in heavily accented English if he owned his house. "Yes" said Sid, gingerly producing his bank receipt. With a disapproving shake of the head she handed Sid a rather long list of documents, said something in Spanish under her breath and then turned away to answer the phone.

At home Sid contemplated the list in dismay as he was starkly reminded that he had no documentary proof that this lovely house was his. Even simple things like utility bills seemed somehow unattainable, as he had no contracts, and apparently no official address. He couldn't really understand how this had happened as he was usually so careful about paperwork. As he climbed into bed that night Sid was as close to tears as he had been for many years.

hacerse "legal" en el ayuntamiento, agarrando firmemente los únicos papeles oficiales que encontró: su pasaporte y un recibo del banco por el pago de su casa. Fue a un mostrador y repitió la frase que había estado practicando para conseguir algo llamado "padrón". El hombre joven señaló una cola enorme a la que Sid se unió tímidamente.

Tras una larga espera Sid consiguió llegar al frente de la cola y repitió su frase, ofreciendo su pasaporte a una mujer que parecía amargada. Miró a Sid frunciendo el ceño y le preguntó en un inglés con un acento muy fuerte si era propietario de su casa. —Sí —dijo Sid, entregándole nerviosamente el recibo del banco. Con un movimiento de cabeza de desaprobación, le dio a Sid una larga lista de documentos, dijo algo en español en voz baja y después se giró para contestar al teléfono.

En casa Sid contempló la lista con consternación al recordar que no tenía ningún documento que probase que su preciosa casa era suya. Incluso cosas como las facturas de servicios parecían algo inalcanzable, dado que no tenía contratos, ni aparentemente dirección oficial. No podía entender cómo había podido pasarle esto ya que normalmente era muy cuidadoso con los papeles. Aquella noche al meterse en la cama, Sid sintió muchas ganas de llorar como no había sentido en muchos años.

She scowled at Sid and asked him in heavily accented English if he owned his house.

Miró a Sid frunciendo el ceño y le preguntó en un inglés con un acento muy fuerte si era propietario de su casa.

12. QUEUING

After several experiences of Spanish bureaucracy Sid started to get the hang of it. Turn up extremely early, be prepared for a very long wait indeed (packed lunch advisable), don't expect anyone to be nice to you and most of all, don't expect to achieve what you set out to do. Sid found that as long as he kept these basic principles in mind he could confront the unknown world of paperwork in a foreign country with a certain degree of equanimity.

The one thing Sid found impossible to get to grips with however was the Spanish method of queuing. Whatever he did it always seemed to be wrong. Sometimes he would walk into an office and find to his delight that there wasn't a queue at all, just groups of people standing around the room, some chatting, some on the phone, some sitting down attending to children or even reading a newspaper. Sid thought this was a very friendly Spanish idea of using a waiting room a bit like a social centre and he would cheerfully stride to the counter. All of a sudden there would be flutter of reaction, people making irritated comments and the person at the counter looking flustered. He would instantly realize his mistake and feel mortified that people thought he had done it on purpose.

On other occasions there were mysterious machines which issued numbers on little bits of paper, and sometimes these numbers were colour-coded as well depending on which counter they corresponded to. When he wasn't in the wrong place in a queue, Sid found he was either in the wrong queue or in the right queue at the wrong time or inevitably with the wrong pieces of paper. Then there was the time when he

12. HACIENDO COLA

Tras varias experiencias con la burocracia española Sid empezó a cogerle el tranquillo. Llegar extremadamente temprano, estar preparado para estar en cola mucho tiempo (se recomienda llevar algo de comida), no esperar que nadie sea amable contigo y lo más importante, no esperar conseguir lo que te proponías. Sid se dio cuenta de que si mantenía estos principios básicos en mente, podría afrontar el mundo desconocido del papeleo en un país extranjero, con cierto grado de ecuanimidad.

La única cosa que Sid encontró imposible de entender era el método español de hacer cola. Cualquier cosa que hiciese, parecía estar mal. Algunas veces entraba en una oficina y estaba encantado de encontrar que no había cola, solo grupos de personas de pie por la sala, algunos charlando, otros hablando por el móvil, otros atendiendo a niños o incluso sentados leyendo el periódico. Sid pensó que esto era una forma española muy simpática de usar una sala de espera un poco como un centro social y él iba hacia el mostrador con alegría. De repente había una reacción general, gente haciendo comentarios enfrentados y la persona del mostrador, con aspecto nervioso. Instantáneamente se daba cuenta de su error y se sentía mortificado porque la gente pensaría que lo había hecho aposta.

En otras ocasiones había máquinas misteriosas que daban papelitos con números, también había papelitos de distintos colores dependiendo del mostrador al que pertenecían. Cuando no estaba en el sitio equivocado de la cola, Sid parecía estar o bien en la cola equivocada o bien, en la cola correcta pero no a la hora que debiese o inevitablemente, con los papeles equivocados. Y luego hubo aquella vez que estuvo en la cola

queued for nearly three quarters of an hour in what he was certain was the right queue and with the right papers, only to find the queue had changed its purpose half an hour earlier. Obviously everyone around him had understood this, but Sid felt exactly like he did the time he fell asleep on a train to Scarborough in 1972 and woke up to find it had changed its destination to Hull. Everyone else had realized and got off ignoring Sid's sleeping form in the process.

On this particular occasion Sid smiled to himself philosophically and thought – "Oh well, at least in Spain we have the sunshine to cheer us up!" He had noticed earlier in the morning that the sky was unusually dark but hadn't really taken much notice. Whilst in the queue he had heard a loud "whooshing" noise but assumed it was some sort of machine. As he tucked his papers back into his carefully organized ring file and walked through the door he stopped dead in his tracks. What looked like the inside of the Niagara Falls was tipping down right in front of his nose. Sid simply could not believe his senses. Even in Yorkshire, he had never seen rain like it.

tres cuartos de hora en lo que creía que era la cola correcta y con los papeles correctos, para luego encontrarse que la cola había cambiado su propósito media hora antes. Obviamente todos los demás lo habían entendido, pero Sid se sentía como cuando se quedó dormido en un tren con rumbo a Scarborough en 1972 y al despertarse se enteró de que había cambiado su destino a Hull. Todo el mundo se enteró y bajó, ignorando a Sid que dormía mientras tanto.

En esta ocasión Sid se sonrió y filosóficamente pensó: "¡Bueno, por lo menos en España tenemos el sol para animarnos!" Se había dado cuenta de que esa mañana el cielo estaba inusualmente oscuro pero no hizo mucho caso. Mientras estaba en la cola, había oído un sonido como de viento muy alto, pero pensó que sería algún tipo de máquina. Al guardarse los papeles en su carpeta bien organizada y salir por la puerta se paró muerto. Lo que parecía ser el interior de la cascada Niágara estaba cayendo delante de sus narices. Sid simplemente no se lo podía creer. Ni siquiera en Yorkshire, había visto llover así.

Even in Yorkshire, he had never seen rain like it.

Ni siquiera en Yorkshire, había visto llover así.

13. NEW FRIENDS

As time went on Sid gradually built up a small circle of friends and acquaintances. There was Kurt the German who lived on his own and would jog past Sid's house every morning at exactly ten past nine on his way to the beach; there were the two elderly Swedes who shouted good morning as they walked their dogs around eleven, there was Jim and Joan of course and a large network of other English couples who seemed to get on very well together, although from time to time one couple would call in on Sid for a chat and rip another couple to shreds over a cup of tea and biscuits. Sid was usually invited along to join in this group's activities, and occasionally he would, but most of the time he preferred to "keep himself to himself", as he sometimes heard them comment.

Sid's very best friend in Spain was Manuel. Manuel owned a little bar in the village and was the most optimistic person Sid had ever met. Sid's first encounter with the bar was rather uncertain. He had noticed it on many occasions and had felt like going in but his innate shyness and insecurity about new experiences stopped him taking the plunge. He used to walk past slowly, eye up the Spanish clientele and then scurry off to the English café called *Viva España* across the road, feeling slightly ashamed of himself.

However, one day as he was passing he realized that there was a celebration going on and Manuel the owner was outside the bar shouting excitedly and pouring champagne into glasses which he then handed to anyone who came within range. *"Ven pa'ca, hombre"* was shouted over to Sid, accompanied by a beckoning gesture that left him in no doubt that he was to be included.

13. NUEVOS AMIGOS

Con el paso del tiempo Sid gradualmente adquirió un pequeño círculo de amigos y conocidos. Estaba Kurt el alemán que vivía solo y salía a correr enfrente de la casa de Sid todas las mañanas, exactamente a las nueve y diez camino a la playa; estaban los dos ancianos suecos que le daban los buenos días al pasear a los perros sobre las once, estaban Jim y Joan por supuesto y un grupo grande de parejas inglesas que parecían llevarse muy bien entre ellos, aunque de vez en cuando, una pareja visitaría a Sid para charlar y despellejar a otra pareja mientras se tomaban el té con galletas. Sid normalmente estaba invitado a participar en las actividades de este grupo, y en ocasiones iría, pero la mayoría de las veces prefería seguir siendo "muy suyo", como les oía a veces comentar.

El mejor amigo de Sid en España era Manuel. Manuel tenía un pequeño bar en el pueblo y era el hombre más optimista que Sid jamás había conocido. El primer encuentro de Sid en el bar fue un poco incierto. Lo había visto en varias ocasiones y le apetecía entrar, pero su timidez innata y su inseguridad para nuevas experiencias, le impidieron tirarse de cabeza a la piscina. Solía pasar delante lentamente, observar a la clientela española y luego acelerar al bar inglés llamado *Viva España* al otro lado de la carretera, sintiéndose un poco avergonzado de sí mismo.

Pero, un día mientras él pasaba se dio cuenta de que había una celebración y Manuel, el dueño estaba fuera gritando animadamente y echando champán en copas, que luego iba dando a todos los que pasaban cerca. —Ven pa'ca, hombre — le gritó a Sid, llamándole con señas que no le dejaba ninguna duda a Sid de que se refería a él mismo.

—Gracias —dijo Sid con educación, y se quedó ahí de

Sid politely said *"Gracias"* and stood sipping his champagne whilst the chattering of those standing around washed over him in waves. Every now and again someone looked towards him as they were talking, so Sid smiled politely, hoping they were saying something nice. He saw the English people sitting opposite outside the *Viva España* looking across and felt a mixture of superiority and acute embarrassment. Eventually Sid picked up that Manuel had just become a grandfather for the first time. This realization encouraged Sid enormously and he waited for his moment to approach Manuel, shake his hand warmly and congratulate him in the best Spanish he could muster.

This effort on Sid's part caused a commotion amongst the Spanish who repeated his words several times, laughing their heads off and slapping him on the back, nearly spilling his glass of champagne. From that moment onwards Sid became a regular at Bar Manuel and soon became an accepted part of the scene. Every day Sid and Manuel would teach each other a word from their language, and their efforts, but especially that of Manuel's to speak English, were accompanied by shrieks of laughter from everyone else in the bar.

pie tomando a sorbitos su champán mientras el charloteo de los que estaban a su lado le pasaba como olas por encima. De vez en cuando, alguien le miraba mientras hablaban, así que Sid sonreía educadamente, deseando que dijeran cosas buenas. Vio a los ingleses sentados delante del *Viva España* mirando al otro lado de la calle y sentía una mezcla de superioridad y vergüenza extrema. Al final Sid pilló que Manuel acababa de ser abuelo por primera vez. Este descubrimiento le animó mucho y esperó su momento para acercarse a Manuel, darle la mano y felicitarle con su mejor español.

Este esfuerzo por parte de Sid causó conmoción entre los españoles que repetían las palabras varias veces, partiéndose de risa y dándole en la espalda, casi tirándole su copa de champán. Desde aquel momento Sid se convirtió en un cliente regular en el bar Manuel y pronto fue aceptado como parte del escenario. Todos los días Sid y Manuel se enseñaban una palabra de sus idiomas, y sus esfuerzos, especialmente los de Manuel para hablar en inglés, eran acompañados por carcajadas de todos los demás en el bar.

Manuel the owner was outside the bar shouting excitedly and pouring champagne into glasses.

Manuel, el dueño, estaba fuera gritando animadamente y echando champán en copas.

14. SID AND THE MEDIA

Despite Sid's great friendship with Manuel, and his gradual inclusion into Manuel's family circle, he still found himself more in contact with his fellow countrymen than anyone else. He started to watch local English language television, listen to local English radio and several times a week he picked up copies of the English press which he would read with great interest.

Over the weeks certain themes started to become familiar which gave him a general impression of what was happening to his fellow countrymen in Spain. There seemed to be a lot of problems with essential services: post, telephone, water, electricity. All the things that everyone took for granted in the UK, seemed to create endless difficulties here, which disorientated people tremendously. Some people responded with the strength of character one associated with the London blitz, whilst others seemed to sink into despair, writing long tedious letters of complaint.

On the more cheerful side of things, there seemed to be almost universal praise for local health services, something that Sid found comforting to know in case he should ever need them. He was also very impressed by the amount of charity work going on. People really seemed to want to pull together to help others, and Sid made a mental note to get involved with something of this sort a bit later on. At the back of his mind he thought his experience of nursing his dear wife Audrey in her final months could be used to help others, but he was not yet ready to meet this challenge.

The papers were also full of adverts for services and products designed for the "expat". There were businesses of all sorts, along with entertainers, specialists and therapists. Many

14. SID Y LOS MEDIOS

A pesar de la gran amistad de Sid con Manuel, y la gradual inclusión en su círculo familiar, todavía se sentía más en contacto con sus compatriotas que con otras personas. Empezó a ver la televisión local en inglés, a escuchar la radio local inglesa y varias veces a la semana cogía copias de la prensa inglesa, que leía con gran interés.

Al pasar las semanas, ciertos temas empezaron a destacar, lo que le daban una impresión general de todo lo que les estaba pasando a sus compatriotas en España. Parecía haber muchos problemas con los servicios esenciales: correo, teléfono, agua, electricidad. Todas las cosas que en el Reino Unido se tomaban por sentadas, parecían crear dificultades infinitas aquí, lo que desorientaba a la gente enormemente. Algunos respondían con la fuerza y el carácter que uno podría asociar al bombardeo de Londres, mientras que otros parecían hundirse en la desesperación, escribiendo largas cartas aburridas llenas de quejas.

En el lado más optimista, parecía haber una casi universal alabanza a los servicios sanitarios, algo que a Sid le resultó reconfortante por si acaso los necesitaba. También estaba impresionado por la cantidad de obras benéficas que estaban en marcha. La gente, de verdad quería unirse para ayudar a otros, y Sid pensó en involucrarse en alguna de ellas más adelante. En su interior, meditó sobre lo que supuso su experiencia cuidando a su querida mujer Audrey en sus últimos meses, aquello podría ser útil para los demás, pero todavía no estaba preparado para tal desafío.

Los periódicos también estaban llenos de anuncios de servicios y productos diseñados para el "expatriado". Había negocios de todo tipo, junto con artistas, especialistas y

adverts made claims like: "unique in Spain", "fully legal" "UK qualifications" all of which seemed to raise more questions than they answered in Sid's mind.

English radio also got Sid thinking. He did not think his own Spanish was particularly good, but he was sure that the presenters were saying Spanish words in a very English way. He wondered whether the Spanish would recognize some of the place names themselves. Even so, Sid enjoyed hearing a lot of the songs he remembered from bygone eras and would keep the radio going in the background as he pottered round the house.

As if all of this wasn't enough, Joan and Jim kept nagging Sid about going along with them to some club for "expats" that they attended every week. This meeting seemed to be the source of a lot of their information as well as providing them with an endless supply of entertainment and new friends. After some persuasion Sid reluctantly agreed to go with them and see what this club was all about. After all, he didn't have to join anything, and it would be good for him to broaden his horizons a little more.

terapeutas. Muchos anuncios informaban cosas como: "único en España", "totalmente legal", "titulado en el Reino Unido", todos los cuales parecían hacerle más preguntas a Sid que respuestas.

La radio inglesa también le hacía pensar. No pensaba que su español fuese especialmente bueno, pero estaba seguro de que los presentadores decían palabras españolas de forma muy inglesa. Se preguntaba si los españoles mismos reconocerían algunos de los nombres de lugares. Aún así, le gustaba escuchar muchas canciones que recordaba de épocas anteriores y dejaba la radio puesta toda la mañana mientras andaba por casa.

Como si todo esto no fuera suficiente, Joan y Jim no paraban de intentar convencerle que se fuese con ellos a un club para "expatriados" al que ellos asistían todas las semanas. Esta reunión parecía ser la fuente de mucha de su información además de propiciarles un montón de entretenimiento y nuevos amigos. Después de bastante insistencia Sid consintió en ir con ellos para ver de qué se trataba este club. Después de todo, no se tenía que apuntar a nada, y sería bueno para él abrirse el horizonte un poco más.

He started to watch local English language television and listen to local English radio.

Empezó a ver la televisión local en inglés y a escuchar la radio local inglesa.

15. THE "EXPAT" SOCIAL CLUB

After lunch one day Sid got himself ready to go along to his first social club meeting. Although his driving was now quite proficient, Joan and Jim insisted on taking him along. They seemed to be exceptionally anxious that he should attend the club with them although he wasn't quite sure why.

As they drove along to the large restaurant where the meeting was to take place, Joan and Jim filled him in on what to expect. There were lots of new people to meet, social trips, dinners and walks which he could sign up to and there was always a really interesting speaker to listen to as well. This week the speaker was an expert in personal well-being, a subject that Sid had to admit, he knew very little about.

When they arrived at the venue Jim rushed off to buy the drinks and Joan stood with Sid in the queue to pay their euro ticket to get into the meeting. Once they were in the room Joan walked quickly over to a lady who was sitting alone. She then turned round to check that Sid was behind her and said "Oh, Sylvia, it's very nice to see you! Would it be alright if we sat with you? This is my friend Sid, the one I told you about." Sylvia blushed slightly for some reason and smiled at Sid in a most pleasant way as she removed various scarves, bags and diaries from the three available seats at her table.

As they waited for the meeting to start Joan told Sid all about Sylvia and told Sylvia all about Sid in a way that Sid found slightly embarrassing. He responded by turning to Jim as he arrived with the drinks and discussing the latest urbanization problems with him in rather a loud voice. After a while he realized everyone had gone quiet around him and

15. EL CLUB PARA EXPATRIADOS

Un día, después de comer Sid se preparó para ir a su primera reunión en un club social. Aunque su conducción era ahora bastante competente, Joan y Jim insistieron en llevarle. Parecían especialmente ansiosos de que asistiese al club con ellos, aunque no tenía muy claro por qué.

En el viaje hacia el enorme restaurante donde la reunión tendría lugar, Joan y Jim le explicaron todo lo que podría acontecer. Había un montón de gente nueva que conocer, excursiones sociales, cenas o paseos a los que se podía apuntar y siempre había un ponente interesante al que escuchar. Esta semana el ponente era un experto en bienestar personal, un tema del que Sid tenía que admitir, no sabía mucho.

Cuando llegaron al restaurante, Jim fue corriendo a comprar las bebidas y Joan se puso con Sid en la cola y así pagar su entrada de un euro para acceder a la reunión. Una vez dentro Joan caminó rápidamente hacia una señora que estaba sentada sola. Luego se dio la vuelta para asegurarse que Sid estaba detrás de ella y dijo: —Oh, Sylvia, ¡qué gusto verte! ¿Te importa que nos sentemos contigo? Este es nuestro amigo Sid, del que te estuve hablando—. Sylvia se sonrojó por alguna razón y le sonrió a Sid de una manera muy agradable mientras quitaba varias bufandas, bolsos y agendas de los tres asientos libres en su mesa.

Al esperar a que empezase la reunión Joan le contó a Sid todo sobre Sylvia y le contó a Sylvia todo sobre Sid de una manera que a Sid le parecía embarazosa. Respondió volviéndose a Jim mientras llegaba con las bebidas y discutiendo los últimos problemas con la urbanización en voz alta. Después de un rato, se dio cuenta de que todo el

a rather shaky lady was standing with a microphone in her hand making some announcements about a coach trip. As she finished Joan shouted out in a loud voice, "Where will the pickup points be please?" and then wrote down everything that was said in reply as if her life depended on it.

Then it was the turn of the main speaker who did his best to convince the assembled company of the benefits of toxin-free food, meditation and repeating self-improving mantras throughout the day. Sid observed his fellow listeners and wondered who in the audience was likely to be taking any of this advice on board. Certainly not Jim who was gently nodding off to sleep, nor Joan who seemed to be distracted by her own thoughts.

At the end of the meeting Joan and Jim rushed off to talk to some other friends, leaving Sid and Sylvia alone. Sylvia seemed flustered and Sid smiled at her as kindly as he could and then beat a hasty retreat to the men's toilets.

mundo a su alrededor se había callado y una mujer temblorosa estaba de pie con un micrófono en la mano hablando sobre una excursión. Cuando terminó Joan gritó: —¿Cuáles serán los puntos de recogida? —y anotó todo lo que le respondió como si la vida dependiese de ello.

Luego le llegó el turno al ponente principal que hizo lo que pudo para convencer al público de los beneficios de la comida sin toxinas, meditación y repetir mantras para la autosuperación durante todo el día. Sid observó al resto de oyentes y se preguntó quién del público iba a seguir aquellos consejos. Seguro que Jim no, pues se estaba quedando dormido, ni Joan, que parecía distraída en sus propios pensamientos.

Al final de la reunión Joan y Jim se fueron corriendo para hablar con otros amigos, dejando a Sid y Sylvia solos. Sylvia parecía nerviosa y Sid le sonrió tan educadamente como pudo y luego, se retiró con prisas al aseo de hombres.

Sylvia blushed slightly for some reason and smiled at Sid in a most pleasant way

Sylvia se sonrojó por alguna razón y le sonrió a Sid de una manera muy agradable.

16. TRYING TO BE LEGAL

Life on Sunny Dreams urbanization was usually sunny, but occasionally more like a nightmare than a dream. From some angles the place looked very attractive with its orderly rows of white houses, each with its own landscaped terrace and garden gate. From other angles though one could see nearby rough ground scattered with litter, and even within the boundaries of the urbanization itself there were unfinished areas, half built walls, unkempt pathways and of course the unfinished swimming pool.

There was also a lack of communal amenities. Street lighting was missing from many areas making them insecure at night. There had also been a spate of muggings and burglaries which had caused great alarm and scared some people into making their homes look more like fortresses. In addition there were half finished buildings with piles of dried cement and broken bricks lying around. These were obviously very dangerous, not least for the young families on the urbanization.

The talk on the urbanization was about the need to set up a "community of owners" which Sid learnt was the official way to regulate communal life and raise funds for repairs and maintenance. At Sunny Dreams however, this seemed to be a problem because the builders had not completed their work and therefore the urbanization was not officially recognized by the authorities. Despite many efforts to resolve the situation the builders were simply not being helpful.

Sid had left Yorkshire to get away from paperwork and headaches which he used to encounter in his job every day,

16. INTENTANDO SER LEGAL

La vida en la urbanización Sunny Dreams estaba normalmente soleada, pero ocasionalmente era más una pesadilla que un sueño. Desde algunos ángulos, el lugar parecía muy atractivo con sus filas ordenadas de casas blancas, cada uno con su respectivo patio y verja. Desde otros ángulos se podía ver campo escabroso lleno de basura, e incluso dentro de los bordes de la urbanización había zonas sin acabar, paredes medio construidas, aceras descuidadas y por supuesto la piscina inacabada.

También escaseaban las instalaciones comunes. Faltaba el alumbrado en muchas zonas haciendo que fueran inseguras por la noche. También había habido una oleada de robos que causó la alarma general e hizo que algunas personas convirtieran sus hogares en fortalezas. Además, había edificios a medio construir con montones de cemento seco y ladrillos rotos tirados por ahí. Esto era claramente muy peligroso, no menos para las jóvenes familias de la urbanización.

El tema de conversación en la urbanización era sobre la necesidad de formar "una comunidad de propietarios", Sid averiguó que era la forma oficial para regular la vida comunal y recaudar fondos para arreglos y manutención. Sin embargo, en Sunny Dreams esto parecía ser un problema, porque los constructores no habían completado la obra y por lo tanto no estaba oficialmente reconocida por las autoridades. A pesar de todos sus esfuerzos para resolver la situación los constructores simplemente no querían ayudar.

Sid, se había ido de Yorkshire para escaparse de todo el papeleo y dolores de cabeza con que se encontraba todos los días

but it seemed that they had followed him over to Spain, and he found it hard not to get involved by trying to apply some of his own common sense to the situation. As a result he found himself hosting an impromptu, non-official community meeting in his front room. Joan and Jim were there of course, along with Kurt, Bill and Marion, Mick and Julie, Sandra and her two boys, the two Swedes Anita and Erik who thankfully left their dogs outside, Phil and Sandy, Roger and Linda and a selection of other individuals who Sid was not able to put names to.

Sid opened the meeting by saying that, although the urbanization was still not officially registered with the town hall because of builder's delays, the residents of Sunny Dreams needed to pull together and stand up for their rights. This opening statement received no opposition, only serious nods. At this point Marion suddenly piped up with a long tale about what had happened to her last time she tried to register as a resident at the town hall, and this was followed by Sandra explaining her problems getting her children into the local school. Phil and Sandy explained their difficulties at the health centre and everyone agreed that all of these problems were the result of the builders not fulfilling their promises. As he listened it slowly dawned on Sid that a lot more than Yorkshire common sense was going to be needed here.

en su trabajo, pero por lo visto le habían seguido hasta España, y le fue difícil no involucrarse, intentando aplicar algo de su propio sentido común a la situación. Como resultado se encontró actuando como anfitrión de una reunión de comunidad, espontánea y no-oficial en su salón. Joan y Jim estaban ahí por supuesto, junto con Kurt, Bill y Marion, Mick y Julie, Sandra y sus dos hijos, los dos suecos Anita y Erik que gracias a dios dejaron los perros fuera, Phil y Sandy, Roger y Linda y una selección de otros individuos a los que Sid era incapaz de poner nombre.

Sid comenzó la reunión diciendo que, aunque la urbanización no estuviese registrada oficialmente por el ayuntamiento debido al retraso del constructor, los residentes de Sunny Dreams necesitaban unirse para defender sus derechos. Esta declaración de apertura no recibió ninguna negación, solo gestos serios de afirmación. En ese momento Marion de repente relató una historia larga sobre lo que le había pasado la última vez que intentó empadronarse en el ayuntamiento y esa, fue seguida por Sandra explicando sus problemas para apuntar a sus hijos en un colegio local. Phil y Sandy explicaron sus problemas en el centro de salud y todo el mundo estaba de acuerdo en que todos estos problemas eran el resultado de las promesas no cumplidas por los constructores. Mientras escuchaba, Sid se daba cuenta poco a poco de que aquí necesitaría mucho más que su sentido común de Yorkshire.

Despite many efforts to resolve the situation the builders were simply not being helpful.

A pesar de todos sus esfuerzos para resolver la situación los constructores simplemente no querían ayudar.

17. CHRIS THE PLUMBER

Sid had always been a home loving person who enjoyed pottering around on his own. He had recently bought a computer and was brushing up his rather poor IT skills, he had made a bird bath and enjoyed watching the various types of wildlife that appeared on his terrace, he had filled the house with pot plants and had also started experimenting with some Spanish recipes in the kitchen.

One day, whilst he was intent upon cooking up a mixture of pork, garlic and tomato he suddenly noticed a slight dripping noise above his head. He looked up and sure enough, there was a small damp patch up on the ceiling, right above the cooker. "Now what's above that?" he thought, as the truth dawned on him: it was the bath where he had left some pot plants soaking.

Sid raced upstairs, knelt down on the bath mat and put his ear against the panel at the side of the bath. *Drip, drip, drip* came the sound, and Sid's heart sank. Clearly action had to be taken very quickly. He knew he had a home insurance policy somewhere amongst his paperwork, but he had never got round to looking at it, and of course it was all in Spanish.

Suddenly he remembered that he had recently been introduced to someone called Chris the plumber who had handed him a business card. He pulled the card out of his wallet and quickly dialled Chris's mobile number. "No problem, mate, give me half an hour and I'll be with you" came the cheery response, much to Sid's relief. He spent the next thirty minutes watching the damp patch expand alarmingly, and the dripping

17. CHRIS EL FONTANERO

Sid siempre había sido una persona hogareña a quien le encantaba estar solo sin hacer nada en particular. Recientemente se había comprado un ordenador y estaba mejorando sus pocas habilidades informáticas, había construido una pila para pájaros y disfrutaba viendo los distintos tipos de fauna que aparecían en su terraza, había llenado la casa con macetas repletas de plantas e incluso había empezado a experimentar con recetas españolas en la cocina.

Un día mientras estaba concentrado en cocinar una mezcla de cerdo, ajo y tomate de repente, notó un pequeño goteo encima de su cabeza. Miró hacia arriba y efectivamente había una pequeña mancha de humedad justo encima de la cocina. "¿Qué hay por encima de eso?" pensó, mientras la realidad le alcanzó: era la bañera donde había dejado algunas plantas a remojar.

Sid subió las escaleras corriendo, se arrodilló en la alfombrilla de la bañera y puso la oreja contra el panel, en el lado de la bañera. *Plop, plop, plop* vino el sonido, y el corazón de Sid se hundió. Claramente había que tomar medidas rápidamente. Sabía que tenía una póliza del seguro de la casa en algún lugar junto con el resto de papeleo, pero nunca había sacado tiempo para mirarlo, y por supuesto todo estaba en español.

De repente se acordó de que recientemente le habían presentado a alguien llamado Chris, el fontanero, quien le había dado una tarjeta de contacto. Sacó la tarjeta de su cartera y rápidamente marcó el número de Chris. —Ningún problema, amigo, dame media hora y estoy ahí —respondió la voz animada, un alivio para Sid. Se pasó los próximos treinta minutos viendo la mancha de humedad agrandarse

noise get louder and louder, until at long last Chris's van pulled up and the doorbell rang.

Chris was a cheery chappie in his mid-forties with a strong cockney accent, a beer belly and an assortment of tools hanging out of his pockets. He climbed up onto the cooker and touched the wet patch on the ceiling while Sid cringed in case the plaster broke. He then went up to inspect the bath, pulling out the side panel and thrusting his head into the hole.

"Yep, I'll do that for you, no problem, just a loose joint" said Chris, as he instantly located the correct tool and went to work. In two minutes the dripping noise had stopped and Chris emerged once more with a grin. "That'll be two hundred euros, mate."

"How much?" said Sid in horror.

"Well, it's an emergency call and there is a Sunday supplement. It's a skilled job we're talking about here."

Sid was stunned but found the cash and handed it over with trembling hands, whereupon Chris tramped downstairs and straight out of the house, leaving Sid to clean up the mess. As he heard the van screech down the road he resolved to read through his insurance papers with a dictionary as soon as he possibly could.

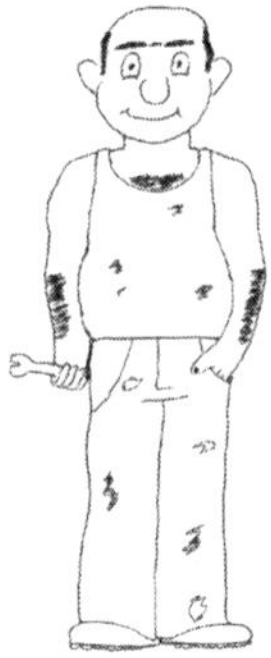

rápidamente, y el sonido del goteo hacer más y más ruido, hasta que por fin la furgoneta de Chris aparcó y sonó el timbre.

Chris era un tipo alegre de cuarenta y tantos, con un fuerte acento de barrio londinense, una barriga cervecera y un arsenal de herramientas colgados de los bolsillos del pantalón. Se subió encima de la cocina y tocó la mancha de humedad en el techo mientras, Sid se encogió por si acaso el yeso se partía. Después subió al baño para inspeccionar la bañera, sacando el panel lateral y metiendo la cabeza en el hueco.

—Sí, ya te lo hago sin ningún problema, solo una junta suelta —dijo Chris, mientras localizaba la herramienta adecuada al instante y se puso a trabajar. En dos minutos el goteo paró y Chris se levantó con una sonrisa en la cara. —Eso serán doscientos euros, amigo.

—¿Cuánto? —preguntó Sid horrorizado.

—Bueno, es una llamada de emergencia y hay un suplemento siendo hoy domingo y estamos hablando de un trabajo especializado.

Sid se quedó atónito pero encontró el dinero en efectivo y se lo dio con manos temblorosas, y a continuación Chris bajó rápidamente las escaleras y salió por la puerta, dejándole a Sid el trabajo de limpiar todo. Al oír la furgoneta chirriar a lo largo de la calle, decidió leer los papeles del seguro con un diccionario tan pronto como pudiese.

Chris was a cheery chappie in his mid-forties with a strong cockney accent and a beer belly.

Chris era un tipo alegre de cuarenta y tantos, con un fuerte acento de barrio londinense y una barriga cervecera.

18. SPANISH LESSONS

The experience with Chris the plumber taught Sid a big lesson. It was definitely time to do something about the terrible state of his Spanish. There was no denying it, despite his early confidence, his command of the Spanish language was minimal. He understood practically nothing that was said to him and even when he did understand, he could never find the words to reply with sufficient speed. People either replied to him in English or simply lost patience with him and ignored him. For someone who liked to communicate with people with ease, this situation made Sid retreat into himself, and into the English-speaking world that surrounded him. His daily chats with Manuel helped to build up his confidence, but they were clearly not enough.

Sid had heard from his neighbours that there were free Spanish lessons on offer at the town hall, so he decided that now was the time to take advantage of this gesture of help extended to him by his country of residence. He was anxious that he might not be admitted as his house apparently still did not officially exist, but fortunately on this occasion this matter was overlooked.

On the first day Sid walked into the classroom and found that he did not recognize anyone at all, although the majority of the class seemed to be English. He sat down next to a pleasant looking couple, smiled and said hello, followed by "or perhaps I should say *Buenos días*!" The lady looked at her watch and replied *"Buenas tardes"* with a smug expression on her face. This was not a great start, but Sid remained optimistic.

18. LAS CLASES DE ESPAÑOL

La experiencia con Chris el fontanero hizo que Sid aprendiese una gran lección. Definitivamente había que hacer algo con el terrible estado de su español. No se puede negar, a pesar de su confianza inicial, su dominio del español era mínimo. No entendía casi nada de lo que le decían, y cuando llegaba a entender algo, no era capaz de encontrar las palabras para contestar con suficiente rapidez. La gente o le contestaba en inglés o simplemente perdían la paciencia con él y le ignoraban. Para alguien a quien le gustaba comunicarse con las personas fácilmente, esta situación hizo que Sid se refugiase en sí mismo, y en el mundo de habla inglesa que le rodeaba. Sus charlas diarias con Manuel le ayudaban a mejorar su confianza, pero claramente no eran suficientes.

Sid había oído de sus vecinos que había clases de español gratis, ofrecidas por el ayuntamiento, así que decidió que ahora era momento de aprovecharse de este gesto de ayuda que le ofrecía el país en el que residía. Estaba preocupado por si acaso no le admitían, ya que su casa aparentemente seguía sin existir oficialmente, pero afortunadamente en esta ocasión este asunto se pasaba por alto.

El primer día Sid entró en la clase y vio que no reconocía a nadie, aunque la mayoría de la clase parecía ser inglesa. Se sentó al lado de una pareja que aparentaba ser buena gente, sonrió y les saludó en inglés, seguido de: —o quizás debería decir ¡Buenos días!—. La señora miró su reloj y contestó: —Buenas tardes —con una expresión de superioridad. Esto no fue un buen comienzo, pero Sid permaneció optimista.

The teacher was an attractive young Spanish lady of about twenty five called Pilar. She greeted everyone very graciously and asked each person their name in Spanish. Most people, including Sid, were able to cope with this exercise quite well, apart from one lady who was deaf and another one who put her hand up and said "Should I say *Me llamo Hilda* or *Soy Hilda*?" The teacher answered her in Spanish, which threw everybody; although it seemed that the general gist was that either way was fine.

Pilar then proceeded to speak in Spanish for the rest of the hour. Sid understood enough to realize that she was actually speaking slowly and carefully using simple words. However, he was unable to follow everything that she said. He looked around the room and saw a range of facial expressions ranging from deep frowning and utter distress on the one hand to fixed attention and smug superiority on the other. However, nobody actually looked as though they were enjoying the experience.

At the end of the hour Sid joined several fellow students for a cup of coffee in the bar next door. Reactions to the class were mixed, but for his part Sid had already made his decision. He would persevere until he learnt to speak Spanish, come what may.

La profesora era una española joven y atractiva de unos veinticinco años llamada Pilar. Saludó a todo el mundo con gracia y le preguntó a cada persona su nombre en español. La mayoría de las personas, incluido Sid, fueron capaces de hacer el ejercicio, aparte de una mujer que estaba sorda y otra que levantó la mano y dijo —¿Digo "Me llamo Hilda" o "soy Hilda"?—. La profesora le contestó en español, lo cual echó para atrás a todo el mundo, aunque parecía que la idea general era que las dos formas valían perfectamente.

Entonces Pilar siguió hablando en español el resto de la hora. Sid entendió lo suficiente para darse cuenta de que en realidad ella estaba hablando lenta y cuidadosamente usando palabras simples. Sin embargo, fue incapaz de seguir todo lo que decía. Miró alrededor de la clase y vio una mezcla de gestos oscilando entre ceños fruncidos y total consternación por un lado, y atención fija y superioridad por el otro lado. Sin embargo, nadie parecía disfrutar de la experiencia.

Al final de la hora Sid se reunió con varios compañeros de clase para tomar un café en el bar de al lado. Había una variedad de actitudes frente a la clase, pero por su parte Sid ya había tomado su decisión. Seguiría hasta haber aprendido a hablar español, pasara lo que pasara.

He would persevere until he learnt to speak Spanish, come what may.

Seguiría hasta haber aprendido a hablar español, pase lo que pase.

19. THE STREET MARKET

Sid persevered with his Spanish classes, and although they caused him a few headaches he was determined to continue, unlike many of the people he started out with on that first day.

Obviously, what he most needed to do was speak the language to real Spanish people, and it always amazed Sid that this should prove such a difficult thing to achieve. He was rather fond of street markets and would try out different ones in his quest to track down all the ingredients he needed for his Spanish cooking adventures. He found these weekly forays into neighbouring Spanish towns an ideal opportunity to practise his Spanish, although his attempts were not always as successful as he would have liked.

One beautiful morning in December Sid decided to enjoy the day by driving out to a new village to see what the market had to offer. Before he left the house he hung out some washing and swept his terrace, marvelling yet once more how he had managed to live in a place with such glorious winter weather. He could well imagine that back in Yorkshire everyone would be rushing around in the cold and wet buying things in for Christmas as though their lives depended on it. Here, with the sun shining brightly, none of those things seemed to matter anymore.

Sid drove along a quiet country road lined with orange and lemon groves, passing the occasional new development preparing to provide homes for more people like himself, and finally arrived at his destination. The town was small and not particularly prepossessing, with its squat buildings and narrow streets, but Sid was used to looking past these for those little

19. EL MERCADILLO

Sid perseveraba en sus clases de español, y aunque le causaban algunos dolores de cabeza, estaba determinado en seguir, al contrario de algunas personas con las que había empezado el primer día.

Obviamente, lo que más necesitaba era hablar el idioma con personas españolas, y Sid siempre se quedaba asombrado que esto fuese una prueba tan difícil de superar. Le gustaban bastante los mercadillos y acudía a varios, para buscar y conseguir los ingredientes que necesitaba, para aventurarse con la cocina española. Encontró que estas incursiones semanales en los pueblos españoles cercanos, le daban la oportunidad ideal para practicar su español, aunque sus intentos no eran tan exitosos como le hubiese gustado.

En una mañana estupenda de diciembre Sid decidió aprovechar el día para conducir hasta un pueblo nuevo para él, y ver lo que el mercadillo tenía para ofrecerle. Antes de marchar de casa tendió la ropa lavada y barrió la terraza, maravillándose de cómo podría vivir en un sitio con el tiempo tan magnífico en invierno. Podía imaginarse a la gente en Yorkshire corriendo con el frio y la humedad, comprando cosas para la Navidad como si su vida dependiese de ello. Aquí, con el sol brillando, ninguna de esas cosas ya parecía importante.

Sid condujo por una carretera tranquila bordeada de limoneros y naranjos, pasando al lado de alguna nueva obra que se preparaba para proporcionar hogares para gente como él, y finalmente llegó a su destino. El pueblo era pequeño y no muy atractivo, con sus casas achaparradas y calles estrechas, pero Sid estaba acostumbrado a no hacer caso a esto,

shops and bars hidden away in the back streets which held so much fascination and rough charm.

Having parked his car several streets away Sid entered the market and surveyed the scene. There was a sense almost of the exotic with the array of bright colours against the backdrop of white houses and blue skies, and although the market was full there was a strange quietness of people peacefully going about their business. It was an atmosphere that Sid adored.

He strolled down the road, dodging the pushchairs and prams, family groups and couples, and the inevitable shopping trolleys laden with enough vegetables to feed a large family for a week and was slightly abashed at how small his needs were in comparison.

Eventually Sid spied a stall full of herbs and spices with one or two individuals inspecting the goods and asking details. Sid was fascinated and drew closer to listen, until his turn came and he asked which herb would be good to ease joint pain, as well as adding to fish. The answer that came back was both interesting and very informative. At least, that's what the Spanish people behind him thought. Sid didn't understand a single word apart from "*muy bueno*" which he heard several times and on that basis bought the herb on offer.

buscando esas tiendas y bares escondidos en las callejuelas que guardaban tanta fascinación y encanto primitivo.

Aparcando el coche a varias calles de distancia, Sid entró en el mercadillo y observó la escena. Había un fuerte contraste de exotismo y colores llamativos, las casas blancas, un cielo azul, y aunque el mercadillo estaba lleno, había un cierto silencio de gente yendo cada uno a su aire tranquilamente. Era un ambiente que Sid adoraba.

Se paseó calle abajo, esquivando carricoches, grupos de familias y parejas, y los inevitables carritos de compra que cargaban con suficientes verduras para alimentar a una familia grande durante una semana y le chocó la comparación, con sus pocas necesidades.

Por fin Sid divisó un puesto lleno de hierbas y condimentos con uno o dos individuos inspeccionando la mercancía y preguntando detalles. Sid estaba fascinado y se acercó para escuchar, hasta que llegó su turno y preguntó qué hierba sería la mejor para el dolor de articulaciones, además de condimentar el pescado. La respuesta que volvió era a la vez interesante e informativa. Al menos, eso es lo que los españoles detrás de él pensaban. Sid no entendió ni una palabra aparte de "muy bueno" que escuchó varias veces y en función de eso se compró la especia.

Sid spied a stall full of herbs and spices with one or two individuals inspecting the goods.

Sid divisó un puesto lleno de hierbas y condimentos con uno o dos individuos inspeccionando la mercancía.

20. THE GOGGLE BOX

Sid was not a great television watcher but even so he was a little put out to discover that the only channels he could get on his TV were in English. It seemed absurd that he couldn't watch Spanish television in Spain and he suspected that the builders had just not bothered to get him connected up, probably thinking that he wasn't interested.

One day on his usual trip to town he visited an electrical shop and requested a standard Spanish aerial. This was no problem to Pedro the electrician, whose only confusion was where on earth Sid's house actually was. Sid had got used to this problem and now carried round with him a laminated hand-drawn street plan to prove to people that his house did actually exist.

Pedro copied down the directions with a slight air of disbelief, as though Sid was in fact making it all up, and said he would be round *"mañana por la mañana"*, another part of the ritual Sid was now wise to.

However, on this occasion Pedro was true to his word, arriving on Sid's doorstep at eight thirty in the morning, aerial and tools in hand, ready to do the job, and by nine o'clock Sid had a whole range of channels available which he could flick through at his leisure.

Sid spent most of that day dipping in and out of various Spanish channels to get an idea of what was available. As soon as Pedro left he turned on the first channel and found a very serious discussion about current affairs. A rather hard-faced lady was expressing an opinion very forcibly and didn't seem to need to breathe at all in between torrents of incomprehensible Spanish.

20. LA CAJA BOBA

Sid no era un gran aficionado a la televisión pero de todas formas, le molestó el hecho de que los únicos canales que tenía en la tele eran en inglés. Parecía absurdo que no pudiese ver la tele en español en España y sospechaba que los constructores no se hubiesen molestado en conectarle a la antena, más bien pensando que no estaría interesado.

Un día en su visita habitual al pueblo, entró en una tienda de electrodomésticos y pidió una antena española normal. Esto no fue ningún problema para Pedro el electricista, cuya única confusión era que dónde demonios estaba la casa de Sid. Sid se había acostumbrado a este problema y llevaba siempre encima un plano hecho a mano y plastificado para hacerles ver a los demás, que su casa existía de verdad.

Pedro copió la dirección con aire de incredulidad, como si Sid se lo estuviese inventando todo, y dijo que estaría "mañana por la mañana", otra parte del ritual que Sid ya estaba acostumbrado.

En cambio en esta ocasión Pedro fue fiel a su palabra, llegando a la puerta de Sid a las ocho y media de la mañana, antena y herramientas en mano, preparado para hacer el trabajo, y a las nueve Sid ya tenía todo tipo de canales con los que podría investigar cuanto quisiera.

Sid pasaría casi todo el día entrando y saliendo de varios canales españoles para hacerse una idea de lo que había disponible. En cuanto Pedro se fue, encendió el primer canal y encontró una discusión muy seria sobre temas de actualidad. Una mujer con la cara un tanto dura expresaba su opinión de forma contundente y parecía no tener que respirar entre los torrentes de español incomprensible.

Sid then turned to the second channel and found it was taken up with a children's broadcast. He wasn't above watching puppets and cartoons if it helped his Spanish, but there was no way he could cope with it spoken in squeaky voices.

He fared no better with the other channels, one was full of people sitting around in armchairs practically screaming at each other, another was a quiz programme which Sid actually understood a little but only because the questions appeared written on the screen. On yet another channel there was a football match in which someone had clearly just scored a goal, as the one word *"gol"* seemed to fill about five minutes of air-time.

Later on Sid tried out the local channels with similar results. Town council meetings, local school prize-givings and street festivals were the order of the day, followed later on at night by some rather explicit adult material that made Sid blush even though he was on his own.

Determined not to give in Sid eventually found a channel that seemed to be mostly adverts. Strangely enough he was able to follow these very well and by the end of the day had learnt a few of the jingles and was able to sing along to them.

Entonces Sid cambió al segundo canal y vio que se emitían programas de niños. No le diría que no, a ver marionetas y dibujos animados si le ayudaban a aprender español, pero no había manera de que pudiese pillar nada con esas voces de pito.

No tuvo más suerte en los demás canales, uno estaba lleno de gente sentada en sillones casi gritándose los unos a los otros, otro era un concurso del que Sid entendía algo pero solo porque las preguntas aparecían escritas en la pantalla. En otro canal había un partido de fútbol en el cual era claro que alguien acababa de marcar un gol, ya que la palabra "gol" parecía llenar cinco minutos de tiempo de emisión.

Más tarde Sid probó los canales locales con la misma suerte. Reuniones de ayuntamientos, entregas de premios de colegios locales y fiestas callejeras que estaban a la orden del día, seguidas luego por la noche por material adulto bastante explícito que hizo sonrojar a Sid aunque estaba solo.

Determinado en no tirar la toalla, Sid por fin encontró un canal que parecía ser únicamente de anuncios. Lo extraño es que pudo seguirlos bastante bien y al final del día había aprendido algunas de las canciones publicitarias y podía cantar a la vez que la tele.

Sid understood a little but only because the questions appeared written on the screen.

Sid entendía algo pero solo porque las preguntas aparecían escritas en la pantalla.

21. THE SINGLES CLUB

One day Sid sat on his balcony with his book, his glass of wine, and his new companion Smokey the cat who had adopted him a few weeks before, and reflected on his life and friendships. He was quite a self-sufficient person who was happy with his own company, but just once in a while he did feel lonely. Jim and Joan were good neighbours, but they were a couple, and preferred the company of other couples. They were also kept busy with various family commitments like most of the other English people he knew.

Sid had been on his own since dear Audrey had died and his son Charles, for reasons best known to himself, had not kept in touch with him. He had made the effort to join various social groups including ramblers, bird watchers and a Spanish cookery class, but still had not made any particular friends. Sid gazed across the view of white houses, green orange groves and blue skies and resolved to do something about it.

A week later, Sid was getting himself ready to attend a singles dining club which he had seen advertised. Although he knew it was foolish, he found himself taking more than usual care with his appearance. He was always immaculate, but he was not very good at making his clothes match, which he now attempted to do with some difficulty.

As he entered the restaurant Sid had a sudden attack of acute shyness, such as he had not experienced since attending his first dance with girls in 1955. However, he was quickly approached by a very extrovert lady organizer who established his identity, introduced him to the rest of the party and told

21. EL CLUB DE SOLTEROS

Un día Sid se sentó en su balcón con su libro, una copa de vino, y la compañía de su nuevo amigo Smokey, el gato que había adoptado a Sid, unas semanas atrás, y reflexionó sobre su vida y sus amistades. Era una persona bastante autosuficiente que era feliz con su propia compañía, aunque de vez en cuando se sentía solo. Jim y Joan eran buenos vecinos, pero eran pareja, y preferían la compañía de otras parejas. Además siempre estaban ocupados con asuntos familiares como la mayoría de los ingleses que conocía.

Sid había estado solo desde que su querida Audrey murió y su hijo Charles, por motivos que guardaba para sí, no se había mantenido en contacto con él. Había hecho el esfuerzo de meterse en varios clubs sociales como el de senderismo, observadores de pájaros y clases de cocina española, pero todavía no había hecho ninguna amistad especial. Sid contempló el paisaje de casas blancas, naranjales verdes y el cielo azul y, decidió hacer algo para remediarlo.

Una semana más tarde, Sid se estaba preparando para ir a un club de cenas de solteros que había visto anunciado. Aunque sabía que era una tontería, se encontró tomando más cuidado de lo normal con su aspecto personal. Siempre iba impecable, pero no se le daba muy bien combinar la ropa, cosa que estaba intentando hacer ahora con dificultad.

Al entrar en el restaurante, a Sid de repente le entró un ataque de timidez extrema, tanto como la primera vez que fue a un baile con chicas en 1955. En cambio, rápidamente se le acercó una organizadora muy extrovertida que verificó su identidad y le presentó al resto del grupo y le dijo dónde

him where he should sit. Although Sid did not particularly like being told what to do, at that moment he felt quite grateful.

During the first course Sid made polite conversation with those around him and concentrated a little more than was necessary on his avocado and carrot soup. He feared people were finding him hard work to talk to, but seemed unable to do anything about it. After a while he noticed that the people at the other end of the table were having a much jollier time chatting and laughing away and wished he was feeling as relaxed as they obviously were.

Suddenly he caught the eye of one of the ladies on that side of the table and to his shock realized that he recognized her. It was Sylvia who Joan and Jim had rather clumsily tried to pair him off with some months before. He froze, soup spoon mid-air next to his pale yellow tie, not knowing how to react. Sylvia smiled warmly and gave him a little wave before returning to the conversation. Sid foolishly released his spoon to return the compliment sending it crashing back into his soup with a splash. There followed a full minute of the most embarrassing commotion during which he was aware of Sylvia trying not to look as he mopped himself down.

se debía sentar. Aunque a Sid no le gustaba demasiado que le digan qué hacer, en ese momento estaba muy agradecido.

Durante el primer plato Sid conversó agradablemente con los que tenía a su alrededor y se concentró un poco más de lo necesario en su sopa de aguacate y zanahoria. Temía que la gente le encontrase algo pesado por entablar una conversación, pero no sabía que podía hacer para remediarlo. Después de un rato se dio cuenta de que la gente del otro lado de la mesa, se lo estaban pasando mucho mejor hablando y riendo, y deseó sentirse tan relajado como ellos aparentaban estar.

De repente cruzó miradas con una de las señoras que estaban en ese lado de la mesa y se llevó un susto al darse cuenta de que la conocía. Era Sylvia, con quien Joan y Jim le intentaron emparejar con tanta torpeza hacía unos meses. Se congeló, la cuchara se quedó a medio camino junto a su corbata de color amarillo pálido, sin saber cómo reaccionar. Sylvia le sonrió afectuosamente y le saludó ligeramente con la mano antes de volver a la conversación. Sid soltó la cuchara tontamente para devolver el saludo, dejándola caer de golpe en la sopa y salpicándose. Qué situación tan embarazosa, transcurrió un minuto entero en el que sintió una vergüenza extrema durante el cual, se percató de que Sylvia intentaba no mirarle mientras él se limpiaba apresuradamente la ropa.

There followed a full minute of the most embarrassing commotion.

Transcurrió un minuto entero en el que sintió una vergüenza extrema.

22. THE INVITATION

After their meal the Singles club adjourned to the coffee lounge to continue socializing. Sid was aware of Sylvia talking to the same group of friends on the other side of the room and noticed when she moved away from them and walked in his direction. By the time he realized she was actually coming to talk to him it was too late to panic.

"Look at that tie!" said Sylvia. "I've got some very good stain remover at home but I'm not sure it would shift that stain. What a pity! It's a lovely tie as well. The suit you can dry-clean so that's not a problem." As she spoke she touched his tie and then brushed her hand down his suit in a way Sid found strangely comforting. It also took him a moment to realize that she was speaking to him in a broad Yorkshire accent.

Sid spluttered something in reply and then asked "Where are you from?" To their astonishment they had been born and brought up in villages only a few miles apart and both knew the same places. Sylvia even remembered the sweet shop run by his great-aunt Gladys. Sid invited Sylvia to sit down on some armchairs as they continued the conversation.

He learnt that Sylvia's husband Gordon had passed away quite suddenly three years ago, a year after moving to Spain. It had been a big struggle for Sylvia to keep going but she had now managed to rebuild her life in Spain and had never considered moving back to the UK. She had several children and grandchildren who came to visit her regularly and she was involved in a lot of activities.

22. LA INVITACIÓN

Después de la cena, el club de solteros se fue al salón para continuar las conversaciones. Sid era consciente de que Sylvia, estaba hablando con el mismo grupo de amigos en el otro lado de la sala, y notó cuando ella se separó del mismo e iba en su propia dirección. Para cuando él se dio cuenta de que ella iba para hablar con él era demasiado tarde para entrar en pánico.

—¡Mira esa corbata! —dijo Sylvia. —Tengo un quitamanchas muy bueno en casa pero no sé si podrá con eso. ¡Qué lástima! Además es una corbata muy bonita. El traje lo puedes llevar a la tintorería así que ese no es ningún problema—. Mientras hablaba le tocó la corbata y luego pasó la mano por el traje de una forma que Sid lo encontró curiosamente reconfortante. También le costó un rato darse cuenta de que le estaba hablando con un fuerte acento de Yorkshire.

Sid balbuceó algo en respuesta y luego preguntó —¿De dónde eres?—. Para sorpresa de los dos, habían nacido y se habían criado en pueblos a pocas millas de distancia y ambos conocían los mismos lugares. Sylvia incluso recordaba la tienda de golosinas que tenía su tía-abuela Gladys. Sid invitó a Sylvia a sentarse en unos sillones para continuar con su conversación.

Se enteró de que el marido de Sylvia, Gordon, había fallecido de forma repentina hacía tres años, un año después de mudarse a España. Fue muy duro para Sylvia seguir adelante, pero ahora se había acomodado en España y nunca había considerado la opción de volver al Reino Unido. Tenía varios hijos y nietos que la visitaban regularmente y, además estaba involucrada en muchas actividades.

"I'm so glad to see you again after that time I met you with that awful couple – what were their names?"

"Er, Jim and Joan" said Sid. "They're neighbours of mine actually."

"Well, I'm sure they're very nice people, but I nearly died when they introduced me to you, all nudging and winking. What was all that about?"

Sid laughed his head off at Sylvia's imitation of Joan's bossy way of speaking and her rather overbearing manner. He was not surprised to discover that Sylvia had done amateur dramatics and belonged to a local drama group. She also worked hard at her Spanish and went swimming twice a week. When he learnt that she also used the internet and kept up with her grandchildren on Facebook he felt slightly overwhelmed.

In a lull in the conversation Sid suddenly said "I cook." Sylvia's eyes opened wide and a big smile crossed her face.

"A man who cooks! Well I am impressed! Are you any good at Yorkshire pudding?"

Sid then told her about his efforts at cooking paella and before he knew it had invited Sylvia to his house to try some.

"Well I don't know if I should accept such a forthright invitation," laughed Sylvia, and added, "I tell you what, I'll bring the stain remover."

—Me ha encantado volver a verte después de aquella vez en la que te conocí con esa horrible pareja, ¿cómo se llamaban?

—Eemm, Jim y Joan —dijo Sid. —Son mis vecinos de hecho.

—Bueno, seguro que son buena gente, pero casi me muero cuando nos presentaron, dándome codazos y guiñándome el ojo. ¿De qué iba todo eso?

Sid se rió a carcajadas, mientras Sylvia imitaba las maneras tan mandonas de hablar que tiene Joan y su forma de ser tan dominante, y no se sorprendió cuando se enteró de que Sylvia había hecho teatro de aficionados y pertenecía a un grupo local de teatro. Además, ella se esforzaba mucho con su español; y nadaba dos veces por semana. Cuando se enteró de que también usaba internet para mantenerse en contacto con sus nietos en Facebook, se sintió un poco abrumado.

En una pausa de la conversación, Sid dijo de repente —Yo cocino—. Los ojos de Sylvia se abrieron como platos y una sonrisa recorrió su cara de oreja a oreja.

—¡Un hombre que cocina! ¡Estoy impresionada! ¿Se te da bien el Yorkshire pudding?—. Sid entonces le contó cómo se esforzaba para cocinar paella y antes de darse cuenta, había invitado a Sylvia a su casa para probarla.

—Bueno no sé si debería aceptar una invitación tan directa —rió Sylvia, y añadió:

—Hacemos una cosa, yo te llevaré el quita-manchas.

Sid invited Sylvia to sit down on some armchairs as they continued the conversation.

Sid invitó a Sylvia a sentarse en unos sillones para continuar con su conversación.

23. PAELLA PREPARATIONS

Sid was a great believer in doing things properly and as Sylvia's visit got nearer, he approached the arrangements with military precision. Although there was no suggestion of romantic involvement, it was impossible for Sid to think of the occasion in the same way as he had when Kurt the German had sampled his paella a few weeks earlier.

Sid divided his plans into three categories – preparation and cooking, serving and eating and general ambience, and was determined to leave nothing to chance. He had done his research on paella and knew that the best strategy was to keep the recipe as simple as possible, whilst using the best possible quality ingredients. With this in mind he spent several mornings at various markets picking out his rice, spices and vegetables and queued at the best butcher's in town for the exact cuts of meat he required.

Two nights before the meal, Sid woke up in a sweat in the middle of the night realizing that he hadn't thought about the dessert. How stupid! But what should he do? He tossed and turned for half an hour until he decided that fresh fruit was the answer and went back to sleep thinking about chopping up pineapples. He wasn't worried about the drink as he had stocked up such a wide range of wines, beers and refreshments that there was nothing Sylvia could want that he hadn't got.

The day before Sylvia's visit he took out his paella gas cooker and cleaned it and rewashed his paella pan, checked on his olive oil and salt and decided that absolutely nothing could go wrong. All that was left was to pop down the road

23. PREPARANDO LA PAELLA

Sid era un hombre al que le gustaba hacer las cosas bien y al tiempo que se acercaba la visita de Sylvia, iba organizando todo con precisión militar. Aunque no se tratase de una comida romántica, era imposible para Sid, pensar en la ocasión, de la misma manera que cuando Kurt el alemán vino a casa unas semanas antes para probar su paella.

Sid dividió sus planes en tres categorías: – preparar y cocinar, servir y comer y el ambiente en general, y no estaba dispuesto a dejar nada a su suerte. Había hecho investigaciones sobre la paella y sabía que la mejor estrategia era mantener la receta tan simple como se pudiese, usando ingredientes de la mejor calidad posible. Con esto en mente, pasó varias mañanas en diferentes mercados escogiendo el arroz, las especias y verduras, e hizo cola en la mejor carnicería del pueblo, para que los trozos de carne fuesen exactamente los requeridos.

Dos noches antes de la comida, Sid se despertó sudado a media noche dándose cuenta de que no había pensado en el postre. ¡Qué estúpido! ¿Pero qué podía hacer? Dio vueltas en la cama durante media hora hasta que decidió que fruta fresca era la solución, y se volvió a dormir pensando en cortar piñas. No estaba preocupado por las bebidas, ya que había almacenado una amplia gama de vinos, cervezas y refrescos para que no hubiera nada que a Sylvia le apeteciese y que Sid no tuviese.

El día antes de la visita de Sylvia, sacó el pulpo de butano y lo limpió, y volvió a limpiar la paellera, revisó su aceite de oliva y sal, y decidió que absolutamente nada podía salir mal. Lo único que quedaba era bajar a la tienda a la mañana

the next morning for fresh shrimps and a red pepper and he was home and dry.

Next he had to think about the meal itself, and this gave him slightly more anxiety. He would normally use the terrace but he was still overlooked by the neighbours and didn't want them all gossiping. Also, it could get uncomfortably hot at times so he decided that indoors was safer. He then worried about the table: if he had everything laid out in advance it would look too intimate, but if he asked Sylvia to help him it would make him look disorganized. He decided he would have it half ready and would put the paella into the centre of the table to serve. He would just have to keep his hands steady to avoid disaster.

And finally, the ambience: should he or should he not have background music? His own taste for Yorkshire colliery brass bands just did not seem right and his newly acquired Spanish flamenco music would be far too corny. He looked through his small selection of CDs, realizing that both" Barry Manilow" and "Hits of the 60s" made him look rather sad. He finally decided to have some Spanish radio music on in the background and hope for the best.

siguiente y comprar gambas frescas y un pimiento rojo y tendría el éxito asegurado.

Después tenía que pensar en la comida en sí, y esto le dio un poco más de ansiedad. Normalmente usaba la terraza pero todavía estaría en el punto de mira de sus vecinos y no les quería cotilleando. Además podría hacer un calor incómodo, así que pensó que dentro de casa sería más seguro. Luego se preocupó por la mesa: si la tuviese puesta ya por adelantado parecería demasiado íntimo, pero si le pedía ayuda a Sylvia parecería muy desorganizado. Decidió dejar la mesa medio puesta y traería la paella al centro de la mesa para servirla. Solo tendría que mantener las manos sin temblar, para así evitar desastres.

Y por último, el ambiente: ¿Debería o no poner música de fondo? Su gusto por las bandas de música de las minas de Yorkshire simplemente no quedaría bien, y su nuevo CD de música flamenca sería demasiado cursi. Revisó su pequeña colección de CDs, dándose cuenta de que "Barry Manilow" y "Los Éxitos de los 60" le harían parecer un poco patético. Al final, decidió poner la radio con música española y esperar lo mejor.

Sid woke up in a sweat in the middle of the night realizing that he hadn't thought about the dessert.

Sid se despertó sudado a media noche dándose cuenta de que no había pensado en el postre.

24. SYLVIA'S VISIT

Sid slept much better than expected the night before Sylvia's visit and woke up half an hour late. This started the day off badly but he made up for lost time by eating his breakfast whilst sweeping and mopping the floors. This was not something he approved of, but the circumstances were exceptional.

By eleven o'clock Sid had absolutely everything prepared. He had an hour to wait before he could start cooking, and two hours before Sylvia was due to arrive. He sat down, then he stood up, then he walked around the house imagining what it would look like to a visitor and thinking about what he would say in each room if Sylvia asked to look round. Then he decided to clean the bathroom one more time.

The next thing to worry Sid was whether Sylvia might have forgotten completely about the day and wouldn't turn up. He toyed with the idea of phoning her on the pretext of asking her whether she ate rabbit, but decided it would look over-anxious. Besides if she had forgotten it would be terribly embarrassing. No – best just to leave it and see what happened.

He went to his bedroom and looked himself up and down in the mirror. He felt satisfied with his smart, casual look and he double-checked that his shoes were clean. Of course they were spotless, as was absolutely everything in the house. To kill the remaining forty minutes Sid decided to pour himself a glass of wine and sit on the terrace with his book. Three glasses and one paragraph later, at a quarter to twelve, he thought it wasn't too early to go into the kitchen and start cooking, and before he knew it things were going full swing and the door bell rang.

24. LA VISITA DE SYLVIA

Sid durmió mucho mejor de lo que esperaba la noche antes de la visita de Sylvia, y se despertó media hora más tarde de lo normal. Esto hizo que empezase mal el día, pero lo compensó desayunando mientras barría y fregaba el suelo. Esto no le parecía bien, pero las circunstancias lo requerían.

A las once Sid tenía todo preparado. Le quedaba una hora de espera antes de poder ponerse a cocinar, y dos horas antes de que llegase Sylvia. Se sentó, se levantó, después se paseó por la casa imaginando cómo la vería una visita y pensando en qué decir sobre cada habitación, si Sylvia le pedía que le enseñase la casa. Luego decidió limpiar el baño una vez más.

La siguiente cosa que preocupó a Sid fue si Sylvia se había olvidado del día por completo y no vendría. Le dio vueltas a la idea de llamarla con el pretexto de preguntarle si comía conejo, pero pensó que parecería demasiado ansioso. Además si se hubiese olvidado sería muy embarazoso. No, mejor dejarlo y ver qué pasa.

Entró en su habitación y se miró de arriba abajo en el espejo. Se sentía satisfecho con su *look*, arreglado e informal y, se aseguró dos veces de que sus zapatos estaban limpios. Por supuesto estaban impecables, como toda la casa. Para rematar los últimos cuarenta minutos decidió servirse una copa de vino y sentarse en la terraza con un libro. Tres copas y un párrafo más tarde, a las doce menos cuarto, pensó que ya no era demasiado temprano para entrar en la cocina y empezar a cocinar, y antes de darse cuenta, las cosas iban a toda marcha, y sonó el timbre.

24. Sylvia's Visit

Sylvia stood at the front gate looking ravishing. She was wearing a floral dress with a shawl draped around her shoulders and some very fetching dangly earrings. She also smelt extremely nice.

"I'm sorry I'm a bit early" she said. "I was worried about not finding it, but I got here quicker than I thought."

"Oh that's fine" said Sid, "Do come in. I'm just in the kitchen cooking."

"Oh good!" said Sylvia. "Do you mind if I watch? I've always wondered how to do a proper paella."

"Well, I'm still only learning," said Sid, "But please take a seat and I'll show you how I'm getting on."

Sid poured Sylvia a glass of wine and refilled his glass. Everything started to go into a haze. He felt like a master chef demonstrating his technique and Sylvia was a most appreciative audience. The serving and eating of the meal all went like a dream and none of his fears were realized. He forgot about the radio completely and in no time they were sitting on the terrace eating fruit and drinking yet more wine in the afternoon sun. They were getting on very well indeed.

Sylvia estaba delante de la puerta del jardín con un aspecto encantador. Llevaba puesto un vestido floreado con un chal sobre sus hombros y unos pendientes largos muy atractivos. También, desprendía una fragancia agradable.

—Perdón por llegar un poco temprano —dijo. —Estaba preocupada por si no encontraba este sitio, pero al final he llegado antes de lo que pensaba.

—Ah, no pasa nada —dijo Sid. —Pasa pasa. Estoy en la cocina cocinando.

—¡Oh qué bien! —dijo Sylvia. —¿Te importa si miro? Siempre me he preguntado cómo se hace la paella tradicional.

—Bueno, todavía estoy aprendiendo —dijo Sid. —Pero, por favor siéntate y te enseño como voy.

Sid le sirvió una copa de vino a Sylvia y volvió a llenar la suya. Todo empezó a nublarse. Se sintió como un chef profesional demostrando su técnica y Sylvia era una espectadora muy agradecida. El servir y comer de la comida pasó como un sueño y ninguno de sus temores se realizó. Se olvidó de la radio por completo y en poco tiempo, estaban sentados en la terraza comiendo fruta y bebiendo aún más vino al sol del atardecer. Se llevaban muy bien.

Sylvia stood at the front gate looking ravishing.

Sylvia estaba delante de la puerta del jardín con un aspecto encantador.

25. THE EXHIBITION

At the end of the afternoon with Sylvia she promised to get in contact with him again soon to return the invitation. Sid felt more than a little excited at the prospect, but tried very hard to put it out of his mind. He was far too old and wise to give in to the pleasant sensation that he had fallen in love. That was a ridiculous idea and only appropriate to people much younger than himself. In any case, Sylvia had a large circle of friends whose company she enjoyed and she no doubt considered him in exactly the same way.

However, he could not stop his heart giving a little flutter when the phone rang a week later and Sylvia's voice was on the line with a cheery, "Hello Sid, how are you?" She went on to invite Sid to go with her to an exhibition about life in Spain the following Saturday. "They're really good, I've been to one or two before" she said, as though Sid might need some encouragement. The arrangements were made and he looked forward to the weekend ahead.

Sid was generally inclined to avoid big crowds, so was slightly taken aback by the hustle and bustle of the exhibition when they arrived. They had to join a long queue to sign in, which required filling in a form as well as paying some money. They were then handed a bag full of brochures and leaflets and launched into a noisy hall area full of people touting their trade.

Sid's attitude was to keep himself to himself and shy away from the various approaches made by salespeople as he passed their stands, whilst Sylvia took a completely opposite line. She chatted away to everyone and listened intently to all their

25. LA FERIA

Al final de la tarde, Sylvia le prometió contactar con él pronto, para devolver la invitación. Sid se sintió un poco más que emocionado al respecto, pero intentó con todas sus fuerzas quitárselo de la cabeza. Era demasiado mayor y sabio para dejarse llevar por la agradable sensación de estar enamorado. Era una idea ridícula y solamente apropiada para gente mucho más joven que él. En cualquier caso, Sylvia tenía un amplio círculo de amistades con quienes se divertía y que sin duda, ella le apreciaba de igual modo.

Sin embargo, no pudo evitar que su corazón diese un vuelco cuando sonó el teléfono una semana después y era Sylvia la que estaba al otro lado con un animado: —Hola Sid ¿qué tal? —. Invitó a Sid a que la acompañase a una exhibición sobre la vida en España el siguiente sábado. —Están muy bien, he estado un par de veces antes —dijo, como si Sid necesitase que le convenciera. Fijaron hora y Sid ya esperaba ansioso la llegada del fin de semana.

Normalmente Sid evitaba los espacios llenos de gente, por lo que se echó un poco atrás al ver el bullicio cuando llegaron a la exhibición. Se tuvieron que poner en una larga cola para entrar, la cual requería rellenar un formulario además de pagar las entradas. Tras eso se les dio unas bolsas llenas de propaganda y fueron precipitados a una sala llena de comerciales solicitando clientes.

La actitud de Sid era ir reservado y evitar el contacto con los comerciantes que se le acercaban mientras paseaba al lado de los stands, mientras Sylvia hizo todo lo contrario. Habló con todo el mundo y escuchó atentamente, todas las ofertas

sales pitches. Every now and again she would look over to Sid and roll her eyes or open them wide with interest.

From time to time Sid wandered away to make his own investigations. He nearly obtained eternal life from one stand of enthusiastic evangelists; he accepted various promotional gifts and listened to a detailed explanation of the workings of solar heating. He didn't intend to buy it, but found the technology interesting none the less.

As Sylvia caught up with him once more they were both drawn to a stand selling hot tubs. "Now that is something I would like!" said Sylvia, and Sid had to admit the idea rather appealed to him as well. They talked to the salesman who clearly assumed they were a married couple and Sid found himself filling in yet another form to express his interest in a home visit.

Sid and Sylvia then went their separate ways once more, and by the time they met up for a drink in the bar Sylvia had bought herself some earrings and a candle, and Sid had bought a funeral plan. He wasn't too sure why Sylvia found this so amusing.

que le proponían. De vez en cuando miraba a Sid balanceando los ojos o abriéndolos con interés.

De vez en cuando Sid se alejaba para hacer sus propias investigaciones. Por poco obtuvo la vida eterna en un stand de evangelistas entusiasmados; aceptó varios regalos promocionales, y escuchó una charla detallada de cómo funciona la energía solar. No pretendía comprar nada, pero la tecnología sin embargo la encontraba interesante.

Cuando Sylvia se acercó a Sid otra vez, fueron atraídos hacia un stand que vendía bañeras de hidromasaje. —¡Esto sí que no me importaría tenerlo! —dijo Sylvia, y Sid tuvo que reconocer que la idea también le gustaba. Hablaron con el comerciante que supuso que estaban casados y Sid se vio rellenando otro formulario expresando su interés en una visita a domicilio.

Sid y Sylvia se separaron una vez más, y al volver a quedar para tomar algo en el bar, Sylvia ya se había comprado unos pendientes y una vela, y Sid una póliza de decesos. No estaba seguro de por qué Sylvia se rió tanto.

Sylvia invited Sid to go with her to an exhibition about life in Spain.

Sylvia invitó a Sid a que la acompañase a una exhibición sobre la vida en España.

26. OUT AND ABOUT

Sid and Sylvia's friendship was blossoming. They enjoyed each other's company and looked forward to their time together, all the more precious because they both also led separate lives. One interest they found they had in common was in exploring new territory and finding opportunities to practise speaking Spanish in places where they weren't treated as tourists.

On the morning of one such trip Sid gave his car a thorough clean and then went to pick up Sylvia. They set forth to discover a small village picked out at random from the map. They drove along chatting and laughing about their previous excursions, including their comical attempts to communicate with the Spanish. Sid always listened intently and tried to make sense of what he heard, but had great difficulty in answering, whereas Sylvia was happy to chat away, using the little Spanish she knew but with absolutely no idea what was being said back to her.

They pulled into the village and parked in a little square. People were going about their daily lives, talking on street corners and greeting friends from passing cars in a way that Sid found irritating but charming at the same time. They strolled round in the sun admiring the old buildings and the surrounding countryside and then sat on a bar terrace to watch the world go by.

Next to them sat a middle-aged Spanish couple who smiled across at them and said something. Sid thought he heard the man say *"ingleses"* so he replied with an embarrassed: *"Sí"*. That was all the encouragement Sylvia needed to launch into a monosyllabic conversation which involved much waving

26. SALIENDO POR AHÍ

La amistad de Sylvia y Sid estaba floreciendo. Disfrutaban de su compañía y esperaban impacientes su próxima cita para estar juntos, aun más valioso porque ambos llevaban vidas separadas. Un interés que tenían en común era el explorar tierras nuevas, y encontrar oportunidades para practicar su español, en lugares donde no se les tratase como turistas.

En la mañana de una de esas excursiones Sid limpió el coche minuciosamente y luego pasó a recoger a Sylvia. Se pusieron en camino para descubrir un pueblo pequeño elegido al azar en un mapa. Fueron de camino hablando y riendo sobre sus excursiones anteriores, incluidos los cómicos intentos de comunicarse con españoles. Sid siempre escuchaba atentamente e intentaba dar sentido a lo que oía, pero tenía una gran dificultad al momento de contestar, mientras Sylvia estaba contenta hablando, usando el poco español que conocía pero sin la menor idea de lo que se le contestaba.

Entraron en el pueblo y aparcaron en una plaza pequeña. La gente seguía con su vida diaria, hablando en las esquinas de las calles y saludando a amigos desde coches que pasaban de un modo que a Sid le resultó irritante pero encantador a la vez. Pasearon bajo el sol admirando los edificios antiguos y el campo de alrededor y luego se sentaron en la terraza de un bar para ver cómo pasa la vida.

A su lado estaba sentada una pareja de españoles de mediana edad que les sonrieron y dijeron algo. Sid pensó oír al hombre decir —ingleses —así que contestó con un —sí —vergonzoso. Eso era el suficiente estímulo que necesitó Sylvia para lanzarse en una conversación monosilábica que incluía mucho

of arms and smiling. Sid understood very little of what the Spanish people said but was pretty sure he heard the words *"policía"* and *"jubilado"* at some point.

"What a delightful couple!" said Sylvia as they left.

"He's a retired policeman," said Sid.

"Really! I would never have guessed!" exclaimed Sylvia. "How clever of you to pick that up!"

As they drove home along the meandering country road they saw a Guardia Civil officer up ahead waving his hand. "Oh no, here we go" said Sid. "Can you get my documents out please?" Sylvia opened the glove compartment but it was completely empty. Sid realized to his horror that he had emptied everything out for cleaning that morning and had completely forgotten to replace it.

Sid sheepishly rolled down the window and stared at the officer as he said:

"Documentos, por favor." Even Sylvia was lost for words. Just at that moment another car pulled up behind them and Sid could not believe his eyes when he saw the friendly retired policeman walking over. He spoke to the officers and then leaned through the window and said: "They need to see your documents." Sylvia instantly went into action gesticulating wildly and pulling faces to explain their predicament. Their new friend turned to speak to the Guardia Civil and they were waved on with a smile. When they finally got out of sight Sid had to resist the urge to hug and kiss Sylvia there and then.

movimiento de brazos y sonrisas. Sid entendió muy poco de lo que decían los españoles, pero estaba bastante seguro de haber oído las palabras "policía" y "jubilado" en algún momento.

—¡Qué pareja más encantadora! —dijo Sylvia al marcharse.

—Él es un policía jubilado —dijo Sid.

—¡De verdad! ¡Nunca lo habría adivinado! —exclamó Sylvia. —¡Qué listo eres por haberlo entendido!

Al conducir de vuelta a casa por la sinuosa carretera de campo, vieron a un agente de la Guardia Civil enfrente agitando su mano. —Vaya, ya empezamos —dijo Sid. —¿Puedes sacar mis papeles por favor?—. Sylvia abrió la guantera pero estaba completamente vacía. Sid se dio cuenta con espanto de que lo había sacado todo para limpiar esa mañana y que se había olvidado volverlo a meter.

Sid bajó la ventanilla tímidamente y miró fijamente al agente mientras le decía:

—Documentos por favor—. Hasta Sylvia se quedó sin palabras. Justo en ese instante otro coche paró detrás de ellos y Sid no se lo podía creer cuando vio que el simpático policía jubilado caminaba en su dirección. Habló con los agentes y después se asomó por la ventanilla y dijo: —Necesitan ver vuestros documentos—. Sylvia rápidamente empezó a gesticular como una loca y a poner caras para explicar su problema. Su nuevo amigo se giró para hablar con la Guardia Civil y les dejaron ir con una sonrisa. Cuando finalmente desaparecieron del alcance de la vista Sid tenía que resistirse las ganas de besar y abrazar a Sylvia allí mismo.

They set forth to discover a small village picked out at random from the map.

Se pusieron en camino para descubrir un pueblo pequeño elegido al azar en un mapa.

27. SYLVIA'S TRIP

Several months after Sid and Sylvia first got together Sylvia started to receive some worrying messages from her family in the UK. Her son-in-law had lost his job and her daughter was pregnant and not coping well with her other young children. Sylvia was also concerned about her youngest son and the kind of friends he was getting involved with. After several weeks of indecision, she decided that the right thing to do was to go over for a visit. She was unable to say when she would be back home but hoped it might only be a few weeks. Sid drove her to the airport and during the journey they were almost silent. He wished her well as they said goodbye, and went back to his daily routine as best he could.

Over the next few days Sid found that he was restless and preoccupied; unable to take his mind off Sylvia and how she was getting on with her family. He fended off enquiries from friends and neighbours as best he could, telling them that she was just sorting out a few small problems and would be back very soon. He half-heartedly joined in a few social events and spent more time than usual birdwatching but nothing could disguise the fact that he missed Sylvia more than he had ever thought possible.

Sylvia had said that she would write regularly, but no letters came. Several weeks went by and at long last his phone rang and it was Sylvia's voice announcing she had booked her flight back to Spain. "You haven't answered any of my e-mails" she said. Sid felt such a fool. He had some problem with his computer and had not bothered to get it fixed. It never occurred to him that Sylvia had meant she would be writing e-mails. He explained this to Sylvia

27. EL VIAJE DE SYLVIA

Unos meses después de que Sid y Sylvia se entendiesen, Sylvia empezó a recibir unos mensajes bastante preocupantes de su familia en el Reino Unido. Su yerno había perdido el trabajo y su hija estaba embarazada y tenía dificultades en cuidar a sus otros hijos pequeños. Sylvia, también estaba preocupada por su hijo menor y con el grupo de amigos con los que se juntaba. Tras varias semanas de dudas, decidió que lo mejor sería ir a visitarlos. No podía decir cuándo volvería a casa, pero esperaba que fuera en solo unas semanas. Sid la llevó al aeropuerto y durante el trayecto estuvieron casi en silencio. Le deseó lo mejor mientras se despedían, y volvió a su rutina diaria tan bien como pudo.

En los días siguientes, Sid estaba inquieto y preocupado; no podía quitarse a Sylvia de la mente y de cómo le iría con su familia. Esquivaba las preguntas de amigos y vecinos como podía, contestando que ella estaba arreglando unos problemillas y que volvería muy pronto. Sin mucho entusiasmo se unió a unos eventos sociales y se pasó más tiempo de lo usual observando aves pero nada escondió el hecho de que echaba de menos a Sylvia, más de lo que creía posible.

Sylvia había dicho que escribiría a menudo, pero no llegó ninguna carta. Pasaron varias semanas y por fin, sonó el teléfono, era la voz de Sylvia anunciando que había reservado el vuelo de vuelta a España. —No has contestado a ninguno de mis e-mails —dijo ella. Sid se sintió como un imbécil. Había tenido un problema con el ordenador y no se había molestado en ir a arreglarlo. No se le había ocurrido que Sylvia se refería a que le escribiría e-mails. Se lo explicó a Sylvia tan bien como

as best he could and went straight off to an internet café to catch up with her news in detail.

What Sid read did not fill him with much cheer. Sylvia really was embroiled in some big family issues and he also got the feeling there was more that she was not telling him. Finally the day arrived to pick Sylvia up at the airport. Despite all his foreboding Sid could not wait to see her and stood at the barrier like an excited child. He was afraid that their reunion would be awkward but as usual Sylvia's grace and charm dealt with the situation, and as they drove back home she chatted away recounting anecdotes about her grandchildren and catching Sid up with her news.

"So, since you didn't write to me now you've got to tell me everything that's happened while I've been away." Sid had no idea what to say, so after some hesitation he gave her a detailed account of the fluctuations in the flamingo population on the salt lakes which were unusual for the time of year, to which Sylvia listened with rapt attention.

pudo y se fue directo a un cibercafé para ponerse al día con sus noticias en detalle.

Lo que leyó no le llenó de mucha alegría. Sylvia estaba metida en unos problemas verdaderamente importantes en su familia y tuvo la sensación de que no le estaba contando todo. Finalmente llegó el día de recoger a Sylvia del aeropuerto. A pesar de su presentimiento Sid se moría de ganas de que Sylvia llegase, y la esperó en la barrera con la ilusión de un niño. Temía que la reunión fuera incómoda pero como siempre, la gracia de Sylvia y su encanto solucionaron el problema, a la vuelta a casa no paró de hablar de anécdotas sobre sus nietos y poniéndole al día con sus noticias.

—Así que, como no me escribiste tendrás que contarme todo lo sucedido mientras estaba fuera—. Sid no tenía ni idea de qué decir, así que después de dudar un poco le dio un informe detallado sobre las variaciones de la población de flamencos en las salinas que eran raras en esa época del año, a lo que Sylvia escuchó con total atención.

He missed Sylvia more than he had ever thought possible.

Echaba de menos a Sylvia, más de lo que creía posible.

28. A LOW POINT

Sid was delighted to have Sylvia back in his life after her trip away although he found that he was unable to shake off the feeling that something had changed in their relationship. He understood perfectly that Sylvia was still worried about her family but he somehow sensed a shift in her feelings which she wasn't admitting. However, he didn't mention the matter to her; instead he tried to carry on as if everything was normal.

One evening they had arranged to go out for a meal in a local restaurant, without realizing that this coincided with some live music. As they finished their main course and were waiting for their dessert Sylvia leaned across to Sid and said "I really need to talk to you about the future." Just as the word "future" left her mouth a loud announcement came from the corner of the small stage that the entertainment was about to begin and would they put their hands together please for Mr. Freddie Asteroid singing "Transylvanian Rhapsody."

Sylvia gave one of her characteristic eye-rolls and made a signal to Sid that they would have to talk later. Sid was not a great fan of tribute singers at the best of times, but in these circumstances the gyrating and pouting Freddie Asteroid was enough to make him scream. He suddenly became decisive and said "Let's get out of here", producing his wallet and standing up to leave. Sylvia responded immediately so they paid the bill and left the restaurant rather unceremoniously without leaving a tip.

In the car outside Sylvia finally managed to explain to Sid what was wrong. She had started to think that perhaps she should move back to the UK for a longer period of time, maybe

28. TOCANDO FONDO

Sid estaba encantado de volver a tener a Sylvia en su vida después de su viaje, aunque se vio incapaz de quitarse la sensación de que algo había cambiado en su relación. Entendió perfectamente que Sylvia siguiese preocupada por su familia pero de algún modo, notaba un cambio en los sentimientos de Sylvia que ella no quería admitir. Pero no le mencionó este asunto; en lugar de eso, intentaba seguir como si todo fuese normal.

Una tarde habían quedado para cenar en un restaurante, sin darse cuenta de que esto coincidía con música en directo. Al terminar su plato principal y esperando el postre, Sylvia se acercó a Sid y le dijo: —Necesito hablar contigo del futuro—. Justo en ese instante en el que pronunciaba la palabra "futuro", se anunciaba en voz alta en la esquina del pequeño escenario que el espectáculo iba a comenzar y que le diesen un fuerte aplauso a Mr Freddie Asteroid que iba a cantar "Transylvanian Rhapsody".

Sylvia balanceó los ojos a su manera tan característica y le hizo una señal a Sid de que hablarían luego. Sid no era gran fan de los que rendían homenajes a otros cantantes y mucho menos en aquel instante en que los movimientos grotescos de Freddie Asteroid era lo que le bastaba para hacerle gritar. De repente se volvió decidido y dijo: —Vámonos de aquí—, sacando su cartera y levantándose para salir. Sylvia reaccionó inmediatamente, así que pagaron y salieron del restaurante de forma brusca y sin dejar propina.

Fuera y en el coche Sylvia por fin pudo explicar a Sid que le pasaba. Estaba pensando que quizás lo mejor fuese volver al Reino Unido por una temporada, incluso para siempre, tenía

even for good, she was not yet sure. The problem was that while she was going through this period of indecision she felt she was being unfair to Sid. She was worried that in the end she would have to let him down, and thought that perhaps it would be fairer to part for a while until she was sure about what she was doing.

This explanation hit him like a ton of bricks, but after a long discussion with Sylvia he realized that her mind was made up and that she really wanted to end their relationship for a while. Sid felt numb as he drove her back home, said goodbye and then made his way back to his own house. He was torn between believing her completely and wondering whether this was her way of saying that their relationship really wasn't what she wanted. Either way he felt at a loss to know how to deal with his feelings.

Over the next few days poor Sid became very upset indeed. He thought about how wonderful Sylvia was and how foolish he had been to believe that someone like her would really want to spend time with him. It was a very low point in Sid's adventures in Spain.

sus dudas. El problema estaba en que mientras estuviera en este periodo de indecisión se sentía injusta con Sid. Temía que al final le tuviera que decepcionar, y pensó que sería más justo separarse por un tiempo, hasta que estuviese segura de lo que iba a hacer.

Esta explicación le cayó encima como una tonelada de ladrillos, pero tras un largo debate con Sylvia se dio cuenta de que ella tenía las ideas claras y que realmente quería dejar la relación por un tiempo. Sid durante el trayecto de regreso se sentía insensible y al dejarla, simplemente le dijo adiós y se dirigió a su casa. Tenía un dilema, no sabía si creer completamente la explicación que le estaba dando o bien, si esto era su manera de decir que su relación no era lo que ella realmente buscaba. De cualquier forma se sintió perdido y no sabía cómo ocuparse de sus sentimientos.

Con el paso de los días, el pobre Sid se sintió en realidad muy disgustado. Pensó en lo maravillosa que era Sylvia y lo tonto que había sido pensando en que alguien como ella realmente quisiese perder el tiempo con él. Estaba en un momento muy bajo en sus aventuras en España.

It was a very low point in Sid's adventures in Spain.

Estaba en un momento muy bajo en sus aventuras en España.

29. LIFE AFTER SYLVIA

After several days of solitude, Sid decided to face the world again without Sylvia. He realized he had neglected some of his friends so his first stop was to Manuel's bar to catch up with him and his family. They were exactly the same and greeted Sid with genuine warmth. He heard about Manuel's elderly mother's hip operation and his baby grandson's teething, and as usual struggled to say anything back beyond smiles and the occasional *"muy bien"* as he admired photos of the baby.

On his way home Sid decided to call in on Joan and Jim. They were not really his favourite people, but on the other hand they had been there for him since the beginning and had looked after him in their own way. Joan did not seem her usual self as she invited Sid into the living room and fussed around making tea and arranging biscuits on a plate. When Jim appeared she withdrew from the conversation and left the two men together.

"So, what's happening with you then?" was Jim's opening gambit, but before Sid could answer Jim started holding forth on the subject of women in general, and Joan in particular, and what awkward animals they all were, and how men did not stand a chance of understanding them.

Sid had always found Jim's views annoying, and today was no different, but for some reason he found his simplified male outlook on life strangely comforting. He leaned forward to refill his glass with whisky and stared into the fireplace as Jim droned on about the injustices of married life.

When Sid finally staggered back home it was well past

29. LA VIDA DESPUÉS DE SYLVIA

Después de varios días de soledad, Sid decidió enfrentarse al mundo de nuevo sin Sylvia. Se dio cuenta de que había descuidado a algunos de sus amigos, así su primera visita fue al bar de Manuel para ponerse al día con él y su familia. Estaban exactamente iguales y saludaron a Sid con un afecto sincero. Él escuchó como a la madre de Manuel ya muy mayor, la habían operado de la cadera, y como a su nieto le estaban saliendo sus primeros dientes mientras, como siempre, a Sid le costaba responder con más que sonrisas y algún "muy bien" a la vez que admiraba las fotos del bebé.

De camino a casa, Sid decidió pasar a visitar a Joan y Jim. No eran realmente personas de su agrado, pero por otra parte le habían apoyado desde el principio y le habían cuidado a su manera. Joan no parecía la misma al invitar a Sid a entrar en el salón y se preocupó en prepararle un té y colocar galletas en un plato. Cuando apareció Jim se retiró de la conversación y dejó a los dos hombres juntos.

—Bueno, ¿qué hay de tu vida? —fue el primer comentario de Jim, pero antes de que Sid le respondiera Jim empezó a hablar sobre el tema de las mujeres en general, de Joan en particular, y qué seres tan complicados que eran y que los hombres no tenían ninguna posibilidad de entenderlas.

Sid siempre había encontrado las ideas de Jim muy pesadas, y hoy no era diferente, pero por algún motivo encontró que su punto de vista simplificado y machista era reconfortante. Se inclinó hacia delante para rellenar su vaso de whisky y contempló la chimenea mientras Jim hablaba monótonamente sobre las injusticias de la vida matrimonial.

Cuando Sid por fin se fue tambaleando a su casa era

midnight. With a great deal of concentration he managed to get his front door open and closed again behind him, make his way upstairs to the bedroom and fall onto his bed in a drunken stupor. At about four in the morning he woke up to find himself on top of the bed freezing cold and dehydrated. On his way back from the bathroom now ready to get properly into bed he noticed the flashing light of his answering machine. He instantly assumed there was a message from Sylvia, but in fact it was his sister Mary's voice that came over loud and clear.

"Hello Sidney. It's Mary here. I'm just phoning to tell you that I've booked a flight to come and see you. I'm arriving next Friday at half past four. If you can't meet me I'll find my own way to your house. I'm sure I'll manage. See you then. Bye."

Sid couldn't help but laugh to himself. Mary had no chance whatsoever of finding his house on her own and he would have to go and meet her. He couldn't even feel annoyed that she hadn't checked with him before booking her flight. He thought that a visit from Mary might be just the tonic he needed.

pasada la medianoche. Con mucha concentración logró abrir su puerta y cerrarla detrás de él, subir la escalera hacia el dormitorio y caerse en la cama en un sopor borracho. Sobre las cuatro de la madrugada se despertó encima de la cama muerto del frío y deshidratado. Al volver del baño, preparado ya para meterse en la cama vio la luz de su contestador parpadeando. Al instante supuso que era un mensaje de Sylvia, pero en realidad era la voz de su hermana Mary que despuntaba alta y clara.

—Hola Sidney. Soy Mary. Te estoy llamando para decirte que he reservado un vuelo para ir a visitarte. Llego el viernes que viene a las cuatro y media. Si no me puedes ir a buscar, encontraré el camino a tu casa sola. Estoy segura de que me las arreglaré. Hasta luego. Adiós.

Sid no podía evitar reírse. Era absolutamente imposible que Mary encontrase el camino a su casa sola, y él tendría que ir a buscarla. Ni siquiera podía enfadarse que no le hubiese preguntado antes de reservar su vuelo. Pensó que una visita de Mary podría ser el tónico que él necesitaba.

He leaned forward to refill his glass with whisky as Jim droned on.

Se inclinó hacia delante para rellenar su vaso de whisky mientras Jim hablaba monótonamente.

30. SISTER MARY

Sid's sister Mary was fifteen years older than him and had looked after him since he was a baby. Mary was like a mother to Sid and this relationship had continued throughout their adult lives. Mary was now an elderly lady and over the years had become a little eccentric. However, Sid always held her in the highest regard and treated her with the utmost consideration and affection.

Sid was a little doubtful about Mary's ability to travel on her own, and she did arrive in a rather hysterical state of mind, but once the trauma of the journey was over and she had settled into her new surroundings, Mary returned to her usual self. Mary had always got up extremely early, so on the first morning after her arrival Sid walked into the kitchen to find that she was already up and inspecting the contents of cupboards.

"You could do with some more potatoes," was her morning greeting.

"I don't eat many potatoes these days, Mary. I prefer rice or salad," replied Sid patiently.

"That's rabbit food," was Mary's retort. "No wonder you look so skinny."

"But I'm healthy, and you wouldn't want me to get fat, would you?"

"There's nothing healthier than a potato," said Mary.

Sid allowed Mary to win the potato conversation, and went on to another subject. "What would you like to do today?"

"Oh, I don't mind. I'll fit in with whatever you're doing. I won't get in your way," was Mary's reply.

"You're not in my way. I'm happy to do whatever you want."

30. LA HERMANA MARY

Mary la hermana de Sid era quince años mayor que él y le había cuidado desde que era un bebé. Mary era como una madre para Sid y esta relación había continuado durante su madurez. Ahora Mary era una señora muy mayor y con los años se había vuelto un poco excéntrica. Sin embargo, Sid siempre le tenía un aprecio enorme y la trataba con mucha consideración y afecto.

Sid dudaba un poco de la capacidad de su hermana para viajar sola, y es cierto que llegó en un estado algo histérico, pero una vez que pasó el trauma del viaje y se acomodó en su nuevo entorno, Mary volvió a ser la misma de siempre. Mary siempre se había levantado muy temprano, así que la primera mañana de su llegada Sid entró en la cocina y se la encontró ya despierta y cotilleando lo que tenía en los armarios.

—Te hacen falta más patatas —fue su saludo de buenos días.

—No suelo comer muchas patatas últimamente, Mary. Prefiero arroz o ensalada —contestó Sid con paciencia.

—Eso es comida para conejos —contestó Mary. —No me extraña que estés tan delgaducho.

—Pero estoy sano, y no querrías que engordase ¿verdad?

—No hay nada más sano que una patata —dijo Mary.

Sid permitió que Mary ganase la conversación de la patata, y siguió con otro tema. —Y, ¿qué te gustaría hacer hoy?

—Ah, me da igual. Me adaptaré a cualquier cosa que estés haciendo. No te molestaré —fue la respuesta de Mary.

—No me molestas. Estoy encantado de hacer lo que tú quieras.

"Well we could sit somewhere in the sun and watch the world go by. That would be nice. I've brought my knitting with me. I'm making squares for refugee blankets, poor devils."

"Fine," said Sid a little doubtfully.

An hour later Sid and Mary were sitting at a table in the town square, surrounded by balls of wool of different colours. Sid had his head buried in a newspaper to avoid catching the eye of anyone he knew. Meanwhile Mary was keeping up a constant monologue, catching Sid up with the antics of her neighbours, friends and family, whilst she worked away at her squares. She was completely oblivious to the stares of passers-by, and to the fact that Sid was clearly not listening to a single word she said.

On several occasions dogs and small children had to be pulled away to stop them grabbing the coloured balls, and at one point there was a quite a scene as someone tried to take a chair over to another table and Mary struggled to make sure all the colours stayed in the right order. Sid meanwhile was torn between several emotions: embarrassment at the spectacle Mary was creating, irritation at the thought that she was doing it all on purpose, and sadness to imagine just how hilarious Sylvia would have found the scene, had she been there to witness it.

—Pues nos podríamos sentar en algún lado al sol y ver pasar a la gente. Eso estaría bien. Me he traído mi lana para tejer. Estoy haciendo cuadraditos para mantas de refugiados ¡los pobres!

—Bien —dijo Sid de forma dudosa.

Una hora más tarde Sid y Mary estaban sentados en una terraza de la plaza del pueblo, rodeados por bolas de lana de diferentes colores. Sid tenía la cabeza sumergida en un periódico para evitar ver a alguien que le pudiese reconocer. Mientras tanto, Mary estaba haciendo un constante monólogo, poniendo a Sid al día con sus vecinos, amigos y familia mientras, seguía ocupada con sus cuadraditos. Estaba completamente inconsciente de cómo la observaba la gente que pasaba, y de que Sid claramente no estaba escuchando ni una palabra de lo que le decía.

En varias ocasiones perros y niños pequeños debían ser alejados para evitar que cogiesen las bolas de colores, incluso hubo un momento de confusión cuando alguien intentó coger una silla para llevársela a otra mesa y Mary evitó que los colores se desordenasen. Sid mientras tanto sentía varias emociones: vergüenza por el espectáculo que estaba montando Mary, irritación al pensar que todo eso lo hacía aposta, y tristeza al imaginar lo gracioso que le parecería la escena a Sylvia, si hubiese estado para verlo.

Sid had his head buried in a newspaper to avoid catching the eye of anyone he knew.

Sid tenía la cabeza sumergida en un periódico para evitar ver a alguien que le pudiese reconocer.

31. THE DAY TRIP

Sid found that on the whole his sister Mary was fairly easy to entertain. Some of her comments were a little annoying but he generally allowed her conversation to go over his head and managed to keep his good humour. Most of the time, Mary was happy just to sit and chat and expressed little curiosity about Sid's life in Spain, which he was rather relieved about.

One day he took her to meet his friend Manuel who greeted her like a long lost aunt. Mary was completely lost with all the voluble Spanish but nevertheless rather enjoyed being kissed and hugged by these complete strangers. She was also introduced to Sid's neighbours and Joan came round to keep Mary company several times when Sid needed to go out alone.

The only request that Mary made was to visit Benidorm as she had been there on her holidays many years before and wanted to see how it had changed. Sid had not been there himself since moving to Spain, so decided that this would be an ideal opportunity to make the visit and give them both a day out. He made the arrangements with a coach trip company to coincide with Mary's last day in Spain.

Sid and Mary were picked up by the coach early on a glorious spring morning. Mary had insisted on making sandwiches and a flask of tea for the journey despite Sid's assurances that they could survive perfectly well without them. As usual Mary won and Sid found himself munching meat paste sandwiches and individual fruit pies as he gazed rather despondently out of the window.

31. LA EXCURSIÓN

Sid se dio cuenta de que por lo general su hermana Mary era bastante fácil de entretener. Algunos de sus comentarios eran un poco molestos pero la mayoría de las veces, dejaba que su conversación le pasase por encima de la cabeza y así mantenía su buen humor. La mayor parte del tiempo, Mary estaba contenta sentada y charlando y mostró muy poco interés por la vida de Sid en España, de lo cual él se sentía aliviado.

Un día se la llevó a conocer a su amigo Manuel quien la saludó como si fuese una tía a la que no había visto en mucho tiempo. Mary estaba completamente perdida con todo el charloteo en español pero de todas formas le gustó ser besada y abrazada por esos desconocidos. También Sid la presentó a los vecinos, y Joan se pasó varias veces para acompañar a Mary cuando Sid tenía que salir solo.

La única petición de Mary fue ir a ver Benidorm ya que había estado ahí de vacaciones muchos años atrás y quería ver cómo había cambiado. Sid no había estado nunca desde que se mudó a España, así que decidió que sería una oportunidad perfecta para ir de visita y pasar los dos, el día fuera. Lo arregló todo con una agencia de viajes en autobús, para que coincidiese con el último día de Mary en España.

Sid y Mary, temprano, fueron recogidos por el autobús en una maravillosa mañana de primavera. Mary había insistido en hacer sándwiches y un termo con té para el viaje, a pesar de que Sid le dijese que sobrevivirían perfectamente sin ello. Como siempre Mary ganó y Sid se encontró masticando sándwiches de paté de carne y tartitas de fruta mientras miraba con desaliento por la ventana.

Once they arrived in Benidorm they strolled around the streets looking at the array of English pubs and tall hotels. Some areas reminded Sid of a typical English seaside town, but once they got to the old part of the town he could recognize its Spanish charm. They then walked along the promenade enjoying the sunshine and admiring the long stretches of sand, until Mary once more grew tired and asked to sit down.

They found an English tea room with a view of the sea front and settled down to poached eggs on toast and yet another pot of tea. After this Mary got her knitting out and started talking again whilst Sid gently dozed off to sleep. When he woke up he found that Mary was chatting to the people at the next table, so he left her to it and sat staring at the exotic mixture of people walking past. There was such a variety of people, different nationalities, different ages and different styles of dress. Nobody seemed to be bothered by anyone else's appearance, in fact the whole atmosphere was much more cosmopolitan than Sid had expected.

After a while he turned to his sister with a relaxed smile and said, "Off home tomorrow, Mary!"

"You're happy now, but you'll miss me when I'm gone" was Mary's ominous reply.

Una vez llegados a Benidorm pasearon por las calles viendo la cantidad de bares ingleses y hoteles altos. Algunas zonas recordaban a Sid al típico pueblo costero inglés, pero cuando llegaron al casco antiguo de la ciudad reconoció su encanto español. Luego pasearon por el paseo de la playa disfrutando del sol y admirando los largos trazos de arena, hasta que una vez más Mary se cansó y pidió sentarse.

Encontraron un salón de té inglés con vistas al paseo marítimo y se pusieron a comer unos huevos escalfados con tostadas, y otra tetera de té más. Después de esto Mary sacó su lana para tejer y siguió hablando mientras Sid lentamente se quedó dormido. Cuando se despertó encontró a Mary hablando con otra gente de la mesa de al lado, así que la dejó que siguiese, y se quedó mirando a la mezcla exótica de personas que le paseaban enfrente. Había tanta variedad de personas, diferentes nacionalidades, diferentes edades y diferentes estilos de vestir. Nadie parecía molesto por la apariencia de los demás, de hecho el ambiente era mucho más cosmopolita de lo que Sid se había imaginado.

Después de un rato se volvió hacia Mary con una sonrisa relajada y dijo, —¡Mañana ya te vas a casa, Mary!

—Estás contento, pero me echarás de menos cuando me vaya —fue la respuesta amenazante de Mary.

The only request that Mary made was to visit Benidorm.

La única petición de Mary fue ir a ver Benidorm.

32. THE COMMUNITY

Things had moved forward on Sid's urbanization and after a long fight they were now legal and registered with the town hall. This meant that they could form a community of owners to organize the maintenance of communal areas and establish their own set of norms and conditions.

Having spent most of his working life dealing with budgets and papers, Sid shied away from any responsibility for the smooth running of Sunny Dreams. Also, he knew many of the people who lived there, and although they were acceptable to have as neighbours, he did not want to get involved with their housing problems.

However, Sid need not have worried, because at the first official community meeting when the call went out for a volunteer to be president, two people immediately put themselves forward. First in line was Jim with the strong vocal support of his wife Joan, and in hot pursuit was a man from Finland who nobody knew by the name of Eetu. Sid wondered why Joan and Jim were so anxious to take on this role, so he could only assume they had no idea what it involved.

Unfortunately, and quite unwittingly, Joan and Jim had made some enemies on the urbanization, so when the presidency was put to a vote, Eetu the unknown Finn won by a small majority. A Spanish man from Madrid who only visited occasionally agreed to be vice-president, and within a short time the whole matter was decided. Sid of course voted for Jim partly out of loyalty and partly on the principle of "better the devil you know", and was left consoling him and Joan at the end of the meeting when everyone else had left.

32. LA COMUNIDAD

Las cosas habían progresado en la urbanización de Sid y después de una larga lucha, ya era legal y estaba inscrita en el ayuntamiento. Eso quería decir que podían formar una comunidad de propietarios, para organizar el mantenimiento de las zonas comunes y establecer sus propias normas y condiciones.

Después de pasar la mayor parte de su vida laboral trabajando con presupuestos y papeleo, Sid eludía cualquier responsabilidad para la buena organización de Sunny Dreams. Además, conocía a mucha gente que vivía allí, y aunque eran aceptables como vecinos, no quería involucrarse con los problemas de sus viviendas.

No obstante, Sid no se debía haber preocupado ya que en la primera reunión oficial de la comunidad, cuando se pidió algún voluntario para ser presidente, dos personas se presentaron en seguida. El primero en la fila fue Jim, con el apoyo enérgico de su mujer Joan, y pisándole los talones en segundo lugar fue un finlandés que nadie conocía llamado Eetu. Sid se preguntaba por qué Joan y Jim se empeñaban tanto en asumir el papel, así que supuso que no tenían ni idea en qué consistía.

Desgraciadamente, e inconscientemente, Joan y Jim habían creado varios enemigos en la urbanización, así que cuando se votó la presidencia, Eetu, el finlandés desconocido, ganó con una pequeña mayoría. Un español de Madrid que solo visitaba de vez en cuando la urbanización, aceptó ser vice-presidente y en poco tiempo el asunto se resolvió. Por supuesto, Sid votó por Jim en parte por lealtad, y en parte con el espíritu de "más vale lo malo conocido", y se quedó para consolarle a él y a Joan al final de la reunión, cuando todos los demás se habían ido.

Jim was not one to accept defeat and within days he was plotting his revenge. He seemed to undergo a strange transformation and to Sid's amazement he found them both scouting around the urbanization looking for things to complain about to the president, presumably to wear him into submission. Things that had never bothered them before like missing light bulbs and cracked paving suddenly became the cause of increasingly intense indignation and disgust.

Sid kept himself firmly on the sidelines of this activity, observing the couple's behaviour with astonishment. One afternoon when he arrived home after a bird watcher's meeting they came rushing round to his house with an air of manic excitement. Joan was waving several sheets of paper in the air – "Look what we've got!" she cried.

Sid took the papers and glanced through them. They contained a series of complaints and a list of signatures calling for an extraordinary general meeting in which the intention was to stage some sort of coup. With a sigh Sid added his signature to the list and waited for the inevitable question. "Um, we were wondering whether you would like to be vice-president" said Jim. Sid gave in without a fight in the face of such overwhelming force of character.

Jim no era el tipo de persona que aceptaba la derrota y en pocos días estaba planeando su revancha. Parece que se transformó de una manera extraña y para el asombro de Sid, les encontró a los dos explorando en búsqueda de situaciones para quejarse al presidente, supuestamente para cansarle hasta hacerle rendirse. Cosas que nunca les había molestado antes, como bombillas que faltaban y pavimento con grietas, se convirtieron de repente en motivos de indignación y disgusto cada vez más intenso.

Sid se quedó firmemente al margen de esta actividad, observando el comportamiento de la pareja con asombro. Una tarde cuando llegó a casa después de una reunión de observadores de aves, ellos corrían hacia su casa con un aire de excitación frenética. Joan agitaba varias hojas de papel en el aire. —¡Mira lo que tenemos! —gritó.

Sid cogió los papeles y les echó un vistazo. Contenía una serie de quejas y una lista de firmas para convocar una reunión general extraordinaria con la que tenían la intención de dar una especie de golpe. Con un suspiro Sid añadió su nombre a la lista y esperó la pregunta inevitable. —Eh, nos estábamos preguntando si te apetecería ser el vicepresidente —dijo Jim. Sid se rindió sin pelea ante esa fuerza de personalidad tan aplastante.

ᔓ

Joan was waving several sheets of paper in the air – "Look what we've got!" she cried.

Joan agitaba varias hojas de papel en el aire. —¡Mira lo que tenemos! —gritó.

33. THE EXTRAORDINARY MEETING

Dawn broke over the Sunny Dreams urbanization on the day of its extraordinary general meeting, and Sid decided to take an early morning walk. As he passed Joan and Jim's house he saw them seated on their front terrace talking together very intently. They were clearly plotting their strategy for the meeting, with the air of generals the night before a major battle.

Sid arrived early at the local restaurant to find that most of his neighbours were already there waiting. At one end of the bar was a rather diverse group including the Swedish couple, Kurt the German and a few English couples formerly of Joan and Jim's social circle. Near them were some Spanish people smoking and talking loudly amongst themselves, and in the middle of this group sat Eetu the Finn.

In the opposite corner was a tight huddle of people with determined looks on their faces. These were Joan and Jim and their supporters who immediately called Sid over to join them. Sid stood and talked to them for a while but resisted all efforts to make him sit down amongst them. When he walked away and sat alone with his coffee he overheard Joan say: "Don't worry about Sid, he always keeps himself to himself, but he's on our side really."

About ten minutes before the meeting three very well dressed Spanish people with brief cases walked into the bar. One was a heavily set man in his fifties and the other two were smart women in their thirties, one of whom Sid knew spoke several languages fluently. The man spoke briefly to Eetu and they then went over to a table to set out papers and open up

33. LA JUNTA EXTRAORDINARIA

Amaneció en la urbanización Sunny Dreams en el día de la junta general extraordinaria, y Sid decidió salir a pasear temprano. Al pasar por la casa de Jim y Joan los vio sentados en su terraza hablando intensamente. Evidentemente estaban planeando su estrategia para la reunión, con aires de generales, la noche antes del gran combate.

Sid llegó temprano al restaurante local y se encontró que casi todos los vecinos ya estaban ahí esperando. Al final del bar, había un grupo diverso incluyendo a la pareja sueca, Kurt el alemán y algunas parejas inglesas que habían pertenecido anteriormente al círculo de amistades de Jim y Joan. Cerca de ellos, había unos españoles fumando y hablando en voz alta entre ellos, y en medio de este grupo estaba Eetu el finlandés.

En la esquina de enfrente había un corrillo de personas todas con caras de determinación. Eran Joan y Jim con sus simpatizantes, quienes llamaron a Sid para que se uniese a ellos. Sid habló un poco con ellos pero se resistió, haciendo todos los esfuerzos para no sentarse con ellos. Cuando marchó y se sentó solo con su café, escuchó a Joan decir —No os preocupéis por Sid, él es muy reservado, pero en realidad está de nuestra parte.

Unos diez minutos antes de la reunión aparecieron tres españoles muy bien vestidos, llevando maletines. Uno era un hombre fuerte de unos cincuenta años y le acompañaban dos mujeres elegantes de unos treinta años, una de las cuales Sid sabía que hablaba varios idiomas con fluidez. El hombre habló un poco con Eetu y después se fueron a otra mesa para

their laptop computers. Gradually people moved their chairs round to face this group and the meeting commenced.

Eetu opened the meeting by saying several sentences that nobody understood. They sounded like a mixture of Spanish and English but with a strong Baltic twang. At the end of his speech he gave a smile and one or two people applauded hesitantly. The administrator looked quizzically at the interpreter but she just shrugged her shoulders.

At this moment Jim stood up and started a long speech denouncing the deficiencies of Eetu's management. Every point he made was accompanied by a cheer from his supporters and jeers from the opposition. Sid couldn't quite believe how people who had seemed perfectly normal before had suddenly transformed themselves into archenemies. The interpreter was just about managing to keep up until the Spanish contingent waded into the fray, at which point the whole meeting descended into complete chaos.

The administrator called for order and finally got the silence he needed. "Jim" he said. "You wish to be president, but who do you propose as your vice-president?"

Jim puffed up his chest with pride while Sid felt himself start to cower. "Sid!" he shouted in triumph. "Sid?" the whole meeting replied in unison, whereupon the vote was unanimous and Jim's army won the day.

sacar papeles y abrir sus portátiles. Poco a poco la gente giró sus sillas para mirar hacia este grupo y empezó la reunión.

Eetu comenzó la reunión diciendo algunas frases que nadie entendió. Parecía una mezcla de inglés y español con un fuerte acento báltico. Al final de su discurso sonrió, y una o dos personas aplaudieron de forma indecisa. El administrador miró a la intérprete con curiosidad pero ella encogió los hombros.

En este momento Jim se levantó y comenzó un largo discurso denunciando la gestión ineficaz de Eetu. Cada punto que decía venía acompañado por un coro de apoyo de sus simpatizantes y burlas de la oposición. Sid no podía creer, cómo gente que parecía normal de repente se convirtieron en archienemigos. La intérprete más o menos estaba manteniéndose al paso de Jim, cuando los españoles entraron en la discusión, momento en el que la reunión se convirtió en un caos absoluto.

El administrador pidió orden y finalmente consiguió el silencio que necesitaba.

—Jim —dijo, —deseas ser presidente, pero ¿a quién eliges como vicepresidente?

Jim se llenó el pecho de orgullo mientras Sid empezaba a acobardarse. —¡Sid! —gritó de forma triunfal.

—¿Sid? —preguntó la reunión entera al unísono, con lo cual el voto fue unánime y el ejército de Jim arrasó.

"You wish to be president, but who do you propose as your vice-president?"

—Deseas ser presidente, pero ¿a quién eliges como vicepresidente?

34. BEING VICE-PRESIDENT

At first Sid thought that Joan and Jim had absolutely no idea what they were taking on when they decided to fight for the presidency of Sunny Dreams. On reflection however, he realized that they knew exactly what they were doing. With Sid on his side Jim could take all the credit for being president and land him with all the work. It came as no surprise therefore when Jim popped round the next day and said, "I was wondering whether you could have a look at this list of problems Sid. I would do it but we've got family coming next week".

The following morning he took a walk around the area looking at all the nooks and crannies that he didn't usually notice, and made a mental note of all the jobs that needed doing. He was secretly quite pleased with this new role as it filled up some of the empty moments in his time. He seemed to have more and more of those lately and was glad of something to distract him and make him feel useful.

On his journeys out and about he started calling in at ironmongers, do-it-yourself shops and builders' yards to price up material and get advice. He found that this activity helped him to improve his Spanish as well, which he had been neglecting of late.

As well as these practical tasks, Sid started to pay more attention to the residents of Sunny Dreams. In particular there was a Spanish lady living on her own who really looked as though she could do with some help. Until a few weeks ago she was always in the company of her husband, but now she dressed in black and was always alone. Sid was rather ashamed to think that he had never spoken to her, not even to express his condolences for her loss.

34. SIENDO VICEPRESIDENTE

Al principio Sid pensaba que Joan y Jim no tenían ni idea de lo que estaban haciendo cuando decidieron luchar por la presidencia de Sunny Dreams. Pero, pensándolo bien, se dio cuenta de que sabían exactamente lo que hacían. Con Sid a su lado Jim podía atribuirse todo el mérito de ser presidente y dejarle todo el trabajo a él. Por lo tanto no le sorprendió para nada cuando Jim se acercó a su casa al día siguiente y dijo:

—Me preguntaba si podrías mirar esta lista de problemas Sid. Yo lo haría, pero mi familia viene la semana que viene.

A la mañana siguiente paseó por la zona mirando hasta el último rincón donde no se había fijado antes, y tomó nota de todas las cosas que necesitaban arreglo. En el fondo, estaba bastante contento con su nuevo papel ya que, rellenaban espacios vacíos de su tiempo. Últimamente parecía tener cada vez más y le gustaba tener algo con lo que distraerse y sentirse útil.

En sus salidas por ahí, empezó a entrar en ferreterías, tiendas de bricolaje y talleres de construcción para enterarse de precios de materiales y recibir consejos. También encontró que esta actividad le ayudaba a mejorar su español, que había dejado de lado recientemente.

Además de estas tareas prácticas, Sid empezó a prestar más atención a los residentes de Sunny Dreams. En particular, había una señora española viviendo sola que verdaderamente, parecía necesitar ayuda. Hasta hacía unas semanas, siempre estaba en compañía de su marido, pero ahora vestía de negro y estaba siempre sola. Sid se sentía avergonzado al pensar que nunca había hablado con ella, ni siquiera para darle el pésame.

One morning he was standing in front of the lady's house looking at the rather sorry state of her garden when she appeared at the front door and came over to him. Fortunately for Sid she spoke very slowly and clearly so he managed to understand almost everything she said. She introduced herself as Carmen and said she was concerned about the uneven kerb outside her house which was dangerous to passers-by. Sid said he would do what he could and then asked her if she needed any more help at all.

Carmen invited Sid into her living room and pointed to some pictures that needed hanging on the wall. She started to say that these were the jobs her husband usually did, but then started to cry. She apologized and told Sid that her husband had died very recently, just a few months after they had moved here from the north of Spain to retire.

"It was our dream to enjoy our retirement here together" said Carmen sadly. Sid hung up Carmen's pictures and promised to call in again in a few days.

Una mañana se paró delante de la casa de la señora mirando su deteriorado jardín cuando, apareció por la puerta y se dirigió hacia él. Afortunadamente para Sid hablaba muy despacio y claro así que, consiguió entender casi todo lo que le decía. Se presentó como Carmen y dijo que, estaba preocupada por la acera irregular de delante de su casa, que era peligroso para los transeúntes. Sid dijo que haría lo que pudiese y le preguntó si necesitaba alguna otra ayuda.

Carmen invitó a Sid a pasar a su salón y le señaló unos cuadros que había que colgar en la pared. Empezó a decir que estos trabajos eran los que solía hacer su marido, pero comenzó a llorar. Se disculpó y le dijo que su marido había fallecido muy recientemente, unos meses después de mudarse del norte de España, tras jubilarse.

—Era nuestro sueño disfrutar de nuestro retiro juntos en esta zona —dijo Carmen con tristeza. Sid colgó los cuadros de Carmen y prometió volver a visitarla en un par de días.

"It was our dream to enjoy our retirement here together," said Carmen sadly.

—Era nuestro sueño disfrutar de nuestro retiro juntos en esta zona —dijo Carmen con tristeza.

35. THE VILLAGE FIESTA

After two years in Spain, Sid's life had settled into a peaceful but busy routine. What with his responsibilities as community vice-president, his bird watching activities, the walking club and the Spanish lessons he had plenty to fill his time. He had also joined an international group which worked to conserve the local environment and every week he visited a different street market and tried out a new Spanish recipe.

Sid was not a man of many friends, but had become almost a member of Manuel the barman's family. One day he called in for a drink and a chat and found the younger members of their family trying on costumes for the local fiesta. This was Sid's second year in the town, but the first time he had really paid any attention to this annual event full of noise and colour.

Manuel handed Sid a leaflet with a description of all the different activities and explained as clearly as he could what it was all about. Sid promised to watch the parades, which involved various members of Manuel's family. Manuel was particularly keen for Sid to go along to the main square on the night before the main fiesta day. "You can dance all night and maybe you will find a girlfriend!" he said, with as many gestures as words.

Sid wanted to learn more about the fiesta so went along to an exhibition in the local library and watched the official inauguration of festivities in which Manuel's daughter and niece performed traditional dances. He was surprised at how few of his compatriots from Sunny Dreams had made the

35. LA FIESTA DEL PUEBLO

Después de dos años en España, la vida de Sid estaba llena de paz pero con una rutina muy ajetreada. Con sus responsabilidades de vicepresidente de la comunidad, sus actividades de observación de aves, el club de senderismo y las clases de español tenía suficiente para llenar su tiempo. También se había unido a un grupo internacional que trabajaba para conservar el medio ambiente de la zona, y todas las semanas visitaba distintos mercadillos y probaba nuevas recetas de la cocina española.

Sid no era hombre de muchos amigos, pero casi se había convertido en miembro de la familia de Manuel, él dueño del bar. Un día se pasó para tomarse algo y charlar y se encontró a los jóvenes de la familia probándose trajes para las fiestas locales. Este era el segundo año de Sid en el pueblo, pero la primera vez que prestaba atención a este evento anual lleno de ruido y color.

Manuel le dio a Sid un folleto con la descripción de todas las diferentes actividades y le explicó tan bien como pudo, de qué se trataba todo. Sid prometió ver los desfiles en los cuales, participaban varios miembros de la familia de Manuel. Manuel estaba especialmente interesado en que Sid fuera a la plaza la noche antes del día principal de la fiesta. —Puedes bailar toda la noche y ¡quizás encuentres una novia! —dijo, con tantos gestos como palabras.

Sid quería saber más sobre la fiesta, así que se fue a una exposición en la biblioteca local y vio la inauguración oficial de las fiestas en la que la hija y la sobrina de Manuel, participaban en los bailes tradicionales. Estaba sorprendido de los pocos residentes de Sunny Dreams que habían hecho el

effort to attend these events, although there were a few more of them for the free giant paella.

On the night of the dance Sid made an extra effort with his appearance and prepared himself to stay up past his usual bedtime. As he walked into the square Manuel called him over to join his family group. Everyone commented on how smart he looked and Sid couldn't help feeling a thrill at being included in such an animated family party. All around the square were groups of teenagers, parents with small children and a whole mixture of local Spanish society, all waiting for the action to start.

After what seemed like an eternity the band finally got going and gradually couples, mostly of the older generation, got up to dance. As the evening wore on Sid was persuaded to dance with Manuel's mother, then his aunt and then various young nieces in between glasses of beer and voluble Spanish conversation, most of which went over his head.

Around midnight Sid suddenly noticed his neighbour Carmen sitting quietly on her own on the other side of the square. Emboldened by alcohol and the cover of darkness, Sid went over and offered his hand to Carmen for a dance. As they turned around gently to the music, Sid saw Carmen smile for the first time.

esfuerzo de asistir a estos eventos, aunque fueron unos pocos más para la paella gigante gratis.

La noche del baile, Sid hizo un esfuerzo especial en su apariencia y se preparó para mantenerse despierto más allá de la hora en la que acostumbraba irse a la cama. Al llegar a la plaza, Manuel lo llamó para que se uniese al grupo familiar. Todos comentaron sobre lo arreglado que iba y Sid no pudo evitar sentir alegría por estar incluido en una fiesta familiar tan animada. En la plaza había grupos de adolescentes, padres con niños pequeños y una gran mezcla de la sociedad local española, todos esperando a que empezase la acción.

Después de lo que pareció una eternidad, la banda de música por fin empezó a tocar y gradualmente unas parejas, principalmente de mayor edad, salieron a bailar. Al pasar la noche convencieron a Sid para bailar con la madre de Manuel, luego con su tía y con varías sobrinas jóvenes, entre cañas y conversaciones en español, la mayoría de las cuales le entraron por un oído y le salieron por el otro.

Cerca de la medianoche Sid de repente se percató de su vecina Carmen, sentada sola tranquilamente al otro lado de la plaza. Envalentonado por el alcohol y protegido por la oscuridad, Sid se acercó y le ofreció la mano a Carmen para bailar. Mientras giraban suavemente al son de la música, Sid vio sonreír a Carmen por primera vez.

"You can dance all night and maybe you will find a girlfriend!" said Manuel.

—Puedes bailar toda la noche y ¡quizás encuentres una novia!— dijo Manuel.

36. THE RADIO INTERVIEW

Sid's relationship with Carmen was strictly platonic and conducted with a certain formality and respect. At first Sid would call round to Carmen's house to do a bit of gardening or some small repair work, but as their friendship grew he would sometimes pop round for a cup of coffee and a chat. Whenever he did this he was amused that Carmen made sure the front door was wide open so that anyone walking past could see into the room. Sid hoped that the reason was to keep up appearances, rather than to protect herself from his advances.

Carmen was a great radio listener and would spend hours each day listening to chat shows on Spanish radio stations. They obviously kept her company and it frustrated Sid that he was unable to understand most of what was talked about. Carmen started to recommend certain programmes to him and gradually he acquired his own taste for Spanish radio, especially in the car.

One day as he was driving along a country road over a range of mountains he gradually lost the signal and started picking up an English channel instead. Sid no longer bothered much with English radio but found himself listening to quite an interesting interview with a man who made model ships in his underbuild.

At the end of the programme the presenter said that he would like to interview people with any kind of hobby or activity that might be of interest to their listeners and gave out a contact number. As Sid drove along admiring the scenery it occurred to him that other people might be interested to hear about his

36. LA ENTREVISTA DE LA RADIO

La relación entre Sid y Carmen era estrictamente platónica con un aspecto formal y respetuoso. En un principio, Sid se pasaba por su casa a hacer algún trabajillo en el jardín o una pequeña reparación, pero según avanzaba su amistad empezó a quedarse de vez en cuando a tomar un café y charlar. En estos casos siempre le parecía divertido que Carmen dejase la puerta abierta para que todo el que pasase por ahí, pudiera mirar al interior de la casa. Él esperaba que el motivo fuera para que los vecinos no cotilleasen y no para protegerse de sus posibles insinuaciones sexuales.

A Carmen le encantaba escuchar la radio, y pasaba muchas horas cada día escuchando las tertulias en las cadenas españolas. Obviamente le hacían compañía, pero Sid se frustraba al no poder entender la mayor parte de lo que decían. Carmen empezó a recomendarle ciertos programas y gradualmente se aficionó a escuchar la radio en español, especialmente en el coche.

Un día, mientras conducía por el campo y entre las montañas, fue perdiendo gradualmente la señal de su programa y empezó a recoger la señal de una cadena inglesa. A Sid ya no le interesaba mucho la radio inglesa, pero se encontró escuchando una entrevista bastante interesante sobre un hombre que construía miniaturas de barcos en su sótano.

Al final del programa, el presentador anunció que quería entrevistar a gente con cualquier tipo de hobby que pudiese interesar a los oyentes y dio un número de teléfono. Mientras Sid conducía admirando el paisaje se le ocurrió que a la gente le podrían interesar sus actividades de

bird watching and environmental pursuits. He made a mental note to contact the radio station some time.

The very next day Sid was talking to Joan over the fence only to hear that Jim was going to participate in a local English television programme about how to run an urbanization community. Sid managed to keep his thoughts to himself about Jim's suitability for this task, but this once more convinced him that he could talk about something he did actually know a lot about. On an impulse Sid picked up the telephone and contacted the radio station.

A week later Sid was in a recording studio with a very perky presenter who was showing him how all the technology worked. He was invited to put on some headphones and told to relax, as everything would be fine. As the last tune played before his interview Sid's heart was pounding so violently he was sure it would be heard over the radio waves.

"Joining me in the studio today is Sid, a lifelong bird watcher and conservation specialist. Good morning Sid ..." were the last words Sid remembered when he thought about the interview later. However it would seem that he managed to hold his own on his favourite subject for a full ten minutes without stopping to draw a breath.

observación de aves y de medio ambiente. Pensó contactar algún día con la radio.

Al día siguiente, Sid estaba hablando con Joan por encima de la verja y se enteró de que Jim iba a participar en un programa de la televisión inglesa, sobre cómo dirigir una comunidad de vecinos. Sid guardó silencio sobre la capacidad de Jim para cumplir esta tarea, pero esto le convenció de que podía hablar en la radio sobre algo que sí conocía bien. En un impulso, Sid cogió el teléfono y contactó con la emisora de radio.

Una semana más tarde, Sid se encontraba en un estudio de grabación con un presentador muy animado enseñándole cómo funcionaba todo. Le invitó a colocarse los cascos y le dijo que se tranquilizase asegurándole que todo saldría bien. Mientras sonaba la última canción antes de su entrevista, su corazón le palpitaba tan violentamente que estaba seguro que los oyentes podrían escucharlo.

—Hoy me acompaña en el estudio Sid, un observador de aves de toda la vida y especialista en la conservación del medio ambiente. Buenos días Sid…—. Esas fueron las últimas palabras que Sid recordaba de la entrevista. Sin embargo, pareció que consiguió hablar durante diez minutos seguidos sobre su tema preferido sin respirar.

His heart was pounding so violently he was sure it would be heard over the radio waves.

Su corazón le palpitaba tan violentamente que estaba seguro que los oyentes podrían escucharlo.

37. THE TV SHOW

On the morning after his experience at the radio station Sid went on his usual walk around the urbanization and several people stopped to congratulate him on his interview. "You should do it more often," one of his neighbours said. "You are very knowledgeable and you're interesting to listen to as well". Sid couldn't help feeling rather pleased at these comments.

A day or two later he had to call in to see Jim about some community business. Jim greeted him with more enthusiasm than usual and invited him for a drink. "By the way Sid, I've passed your phone number on to the Sunshine TV company. I hope that's okay" said Jim.

"What?" said Sid, nearly choking on his drink.

"Well, I just happened to mention that I knew you, and they asked me if I thought you could do some programmes about birds and things. I said I'd ask you first but they insisted on having your number. You don't mind, do you?"

Knowing Jim very well, Sid found it impossible to believe this version of the conversation. He was about to tell him so, when he changed his mind. If it wasn't for Joan and Jim's pushiness, he would never have done some of the things he had. As annoying as they were, he actually owed them quite a lot. In the end he said meekly, "I would have preferred you to ask me first, but not to worry." He sighed, shook his head and then gave a little smile.

"I knew you wouldn't mind Sid. You'll be absolutely brilliant" said Joan.

Sure enough, the following day Sid received a phone call from the television station to arrange an initial meeting. The

37. EL PROGRAMA DE TELE

La mañana después de su experiencia con la radio, Sid se dio su habitual paseo por la urbanización y varias personas le pararon para felicitarle por la entrevista. —Deberías hacerlo más a menudo —dijo uno de sus vecinos. —Eres un buen conocedor del tema y también es interesante de escuchar—. Sid no pudo evitar sentirse bien después de esos comentarios.

Un par de días más tarde tuvo que pasar por casa de Jim para hablar sobre asuntos de la comunidad. Jim le saludó con más entusiasmo de lo normal y le invitó a tomar algo. —A propósito Sid, he dado tu número de teléfono a la compañía de televisión Sunshine, espero que no te moleste —dijo Jim.

—¿Qué? —contestó Sid, casi ahogándose con su bebida.

—Bueno, solo mencioné que te conocía, y me preguntaron si creía que podrías estar interesado en hacer algunos programas sobre pájaros y demás. Dije que te preguntaría primero pero insistieron en tener tu número. No te importa, ¿verdad?

Conociendo bien a Jim, a Sid le pareció imposible creer esa versión de la conversación. Estuvo a punto de decírselo, pero cambió de opinión. Si no hubiese sido por la insistencia de Joan y Jim, él nunca habría hecho algunas de las cosas que había hecho. A pesar de lo pesados que eran, les debía mucho. Al final solo dijo:

—Habría preferido que me hubieses preguntado antes, pero no pasa nada—. Suspiró, agitó la cabeza y le dio una breve sonrisa.

—Sabía que no te importaría Sid. Estarás genial —dijo Joan.

Efectivamente, al día siguiente recibió una llamada de la

people at the TV station were very young and dynamic and seemed to know exactly what they were doing. Before he knew it he had agreed to present a series of programmes about the natural environment called "Nature in Spain." Sid was more enthusiastic about the content than about the prospect of actually presenting the programmes, but was assured he would be given all the help he needed and that there would be no problems at all.

Sid had a month to get himself prepared for recording. Firstly he had to decide on his topics and put them into some sort of order. He then had to simplify the information to make it interesting to people who knew nothing about the natural environment. Finally, he had to write his scripts in a way that was entertaining and lively. He enjoyed this work and devoted the first hours of the morning to it every day until it was completed.

Much harder was to work out what he should wear, how he should sit or stand, and how to speak into a camera. He spent many hours alone trying out different postures and clothes in front of a mirror. In the end he decided to go for a sporty casual look, including an uncharacteristic open-necked t-shirt.

cadena de televisión para concretar una primera reunión. La gente en el estudio de televisión era muy joven y dinámica y parecían saber exactamente lo que hacían. Antes de darse cuenta, había acordado presentar una serie de programas sobre el medio ambiente llamado "La Naturaleza en España". Sid estaba más entusiasmado con el contenido que con el hecho de presentar los programas, pero le habían asegurado toda la ayuda que necesitase y que no habría ni un problema.

Sid tenía un mes de preparación para las grabaciones. Primero tenía que decidir los temas y ponerlos en cierto orden. Luego tenía que simplificar la información, de tal modo que fuese interesante para la gente que no supiese nada del medio ambiente. Finalmente, tenía que escribir sus guiones de forma que fuesen entretenidos y animados. Le gustó este trabajo y le dedicó las primeras horas de la mañana todos los días hasta que lo terminó.

Mucho más difícil era elegir la ropa, cómo debería sentarse o estar de pie, y cómo hablaría a la cámara. Se pasó muchas horas sólo probando distintas posturas y conjuntos delante del espejo. Al final decidió ir por el *look* informal deportivo, incluyendo una camiseta de cuello abierto nada típico de él.

He spent many hours alone trying out different postures and clothes in front of a mirror.

Se pasó muchas horas sólo probando distintas posturas y conjuntos delante del espejo.

38. THE STUDIO

The day came for Sid to go to the television studio to start recording. The idea was to film all his introductions first and then do the rest "on location" on future dates. He arrived at the studio to find the director, Marcus, on the phone with a furious expression on his face. "When I say today, I mean yesterday!" he yelled, and slammed the phone down.

He looked up at Sid and said, "Honestly Sid, you just wouldn't believe the day I'm having. First of all, the cameraman phones in with flu so I have to get a replacement. Now his car has broken down so he's having to get a lift from a neighbour, that is when the neighbour gets back from the airport. Goodness knows what time he'll get here."

"We were supposed to have a special backdrop for you but my wonderful secretary, who has now walked out on me, forgot to order the material. She was useless anyway, I'm glad to get rid of her. She spent more time crying and talking to her boyfriend on the phone than actually doing any work. I've got an absolutely stinking headache and I'm trying to get some money out of our advertisers. I mean, how do they think we run this company, on thin air?"

Sid did not know what to say in response to this tirade so he put on an expression which he hoped looked sufficiently sympathetic. What he really wanted to do was to talk through his ideas for the introductions, rather than listen to someone else's problems.

"Um, what time do you think we'll get started?" he asked weakly.

"Well, we should have started already," was Marcus' only

38. EL ESTUDIO

Llegó el día en que Sid tenía que ir al estudio de televisión para empezar a grabar. La idea era grabar todas sus introducciones primero y hacer el resto, en el exterior, en fechas futuras. Llegó al estudio para encontrar al director, Marcus, hablando por teléfono con una expresión furiosa en la cara. —Cuando digo hoy, ¡quiero decir ayer! —gritó y colgó con un golpazo. Miró a Sid y dijo:

—De verdad Sid, no te puedes imaginar el día que llevo. Primero el cámara llama para decir que está con gripe y tengo que encontrar un sustituto. Ahora, este tiene su coche averiado y tiene que pedirle a un vecino que le traiga, eso es, cuando el vecino vuelva del aeropuerto. Dios sabe a qué hora llegará.

—Deberíamos haber tenido un fondo especial para ti pero, mi maravillosa secretaria, que ya ha dimitido, se olvidó de pedir el material. Era inútil de todos modos, me alegro de haberme deshecho de ella. Se ha pasado más tiempo llorando y hablando con el novio por teléfono que trabajando. Y yo tengo un dolor de cabeza de demonios y estoy intentando conseguir dinero de nuestros anunciantes. A ver, ¿cómo creen que funciona esta empresa, con aire fresco?

Sid no sabía qué responder a esa perorata, así que mostró una expresión facial que esperó, pareciese suficientemente comprensiva. Lo que él realmente quería hacer era exponer sus ideas para las introducciones, y no escuchar los problemas de los demás.

—Eh, ¿a qué hora crees que empezaremos? —preguntó con voz débil.

—Bueno, deberíamos haber empezado ya —fue la única

reply. "Anyway, I've got to make some more phone calls. Sid, would you do us a favour and make a cup of tea, mine's with milk and two sugars. The kettle's over there."

Sid was more than a little surprised at this request but decided he would show willing and went to fill the kettle in the toilet washbasin. He looked round to see who else he could offer a cup of tea to. The only other person in the room was a chain-smoking Spanish man staring at a computer screen. He was just about to speak to him when Marcus came and looked over his shoulder. "No, no, Joaquín. I told you to cut that bit out!" Marcus turned to Sid and rolled his eyes. "Joaquín is our editor. He'd be wonderful if he actually understood English."

At that moment a cheery-looking man with a camera walked through the door. "Thank god!" said Marcus. "Paul, this is Sid. Sid, Paul. You two can get on with it can't you?"

Paul grinned at Sid reassuringly and got straight on with setting up his camera. "Don't you worry" he said quietly. "We'll have this done and dusted and be back home for lunch. You know what you've got to say, don't you?"

"Oh yes" said Sid, "absolutely."

respuesta de Marcus. —De todas formas tengo que hacer algunas llamadas más. Sid, haznos el favor de preparar un té, el mío es con leche y dos de azúcar. Allí está el hervidor.

A Sid le sorprendió bastante esta petición, pero decidió mostrarse dispuesto, así que se fue a llenar el hervidor en el lavabo del baño. Miró a su alrededor para ver si había alguien más a quién pudiese ofrecer una taza de té. La única persona que se encontraba en el estudio, era un español que fumaba cigarrillos uno tras otro mientras veía el monitor de un ordenador. Estaba a punto de hablar con él cuando Marcus se acercó y miró por encima de su hombro. —No, no, Joaquín. ¡Ya te dije que cortases ese trozo!—. Marcus se giró hacia Sid y miró al cielo. —Joaquín es nuestro editor de películas. Sería maravilloso si entendiese nuestro idioma.

En ese momento un hombre con aspecto alegre y con una cámara entró por la puerta. —Gracias a dios —dijo Marcus. —Paul, este es Sid. Sid, Paul. Vosotros dos os las podéis arreglar solos, ¿verdad?

Paul le sonrió a Sid de modo tranquilizador y se puso enseguida a montar la cámara. —No te preocupes —dijo en voz baja. —Lo tendremos todo hecho antes de la hora de comer. Sabes lo que tienes que decir ¿no?

—Sí —dijo Sid, —por supuesto.

"Sid, would you do us a favour and make a cup of tea, mine's with milk and two sugars."

—Sid, haznos el favor de preparar un té, el mío es con leche y dos de azúcar.

39. ON LOCATION

Sid survived his first day of studio recording and, all things considered, felt he hadn't done too badly. He had to stop and start quite a few times, but fortunately Paul the cameraman was very patient. Sid was glad he was well prepared as he realized that no one at the studio was listening to what he was saying. Paul always said "That's terrific!" every time Sid remembered to remain smiling at the camera at the end of his piece, but this was usually followed by: "We'll do one more take, just in case." Between each introduction Sid had to change his shirt to make it look as though it was a different day, so made a note of which shirt went with which programme.

Sid's next appointment with the recording team was at a natural park where he was going to talk about a variety of rare plant species. He arrived early and plotted out his own moves from one plant to the next, realizing that this would probably all be left up to him. Eventually a battered black Audi pulled up, out of which emerged Marcus, Paul with his camera and a blond girl in her twenties. "Hi Sid!" said Marcus. "You know Paul, don't you? This is Stacey, your producer." Sid didn't know he had a producer but was happy to have one now and greeted Stacey politely.

Sid stood and watched while Marcus and Stacey discussed camera angles and gave instructions to Paul which he followed to the letter. Every now and then Paul winked at Sid, who got the distinct impression that Paul had far more knowledge and experience than he was letting on to the other two. After a very long time Sid was instructed to start talking whilst Stacey made a note of what was to be

39. EN EL EXTERIOR

Sid sobrevivió a su primer día de grabación en el estudio y, tomando todo en cuenta, pensó que no lo había hecho tan mal. Tuvo que parar y volver a empezar varias veces, pero afortunadamente Paul, el cámara, era muy paciente. Sid se alegró de estar bien preparado dado que, se dio cuenta de que nadie en el estudio escuchaba lo que estaba diciendo. Paul siempre decía: "¡Estupendo!" cada vez que Sid se acordaba de sonreír a la cámara al final de su discurso, pero luego seguía con: "Haremos una toma más, por si acaso." Entre cada introducción Sid tuvo que cambiarse de camisa para que pareciese un día diferente, así que tomó nota de qué camisa iba con qué programa.

La siguiente cita de Sid con el equipo de grabación, fue en un parque natural donde iba a hablar sobre una variedad de especies de plantas poco comunes. Llegó temprano y planificó sus movimientos de una planta a la siguiente, dándose cuenta de que lo más probable fuese que se lo dejasen todo a él. Por fin, un Audi negro y abollado apareció, del que salieron Marcus, Paul con su cámara y una chica rubia veinteañera. —¡Hola Sid! —dijo Marcus. —Conoces a Paul, ¿verdad? Ella es Stacey, tu productora—. Sid no sabía que tenía productora pero estaba contento de tener una ahora y saludó a Stacey atentamente.

Sid se quedó mirando, mientras Marcus y Stacey discutieron los ángulos de la cámara y, dieron instrucciones a Paul para que las siguiese al pie de la letra. De vez en cuando, Paul le guiñaba el ojo a Sid; él tenía la clara impresión de que Paul albergaba mucho más conocimiento y experiencia del que dejaba ver a los otros dos. Después de mucho tiempo, mandaron a Sid para que empezase a hablar mientras Stacey apuntaba lo que decía

said in each position. At times this entailed Sid squatting down next to a plant for so long that his legs went numb. As Stacey ran to help him to his feet and Paul laughed his head off, he wondered whether David Attenborough had ever had the same problem.

Eventually the first programme was "in the can" and Stacey checked that Sid had the next programme's shirt with him to change into. The team then piled back into the Audi and followed Sid's car to the next location: a salt lake to look at the bird life. Sid was delighted to see his beloved flamingos not too far away and was sure he could easily spot the other bird species he needed to fit in with his script. He went off with Paul to do some filming while Marcus and Stacey leaned on the car smoking and chatting. By the time the light started to fade at the end of the day they had managed to film on three locations, and Sid felt he was on the road to stardom.

en cada sitio. Algunas veces, esto supuso que Sid estuviese en cuclillas durante tanto tiempo que sus piernas se quedaban dormidas. Cuando Stacey se acercaba corriendo para ayudarle a ponerse de pie y Paul se moría de la risa, se preguntaba si alguna vez David Attenborough tuvo el mismo problema.

Por fin el primer programa se quedó grabado y Stacey se aseguró que Sid tuviese la camisa del próximo programa para cambiarse. El equipo se metió otra vez en el Audi y siguió el coche de Sid hasta el siguiente lugar de rodaje: unas salinas donde observar las aves. Sid estaba contento al ver sus queridos flamencos no demasiado lejos de su camino y estaba seguro, que podía ubicar las otras especies de pájaros que necesitaba para encajar con su guión. Se fue con Paul para grabar, mientras Marcus y Stacey se apoyaron contra el coche para fumar y charlar. Para cuando empezó a anochecer habían logrado filmar en tres lugares distintos y Sid sintió estar de camino al estrellato.

Sid wondered whether David Attenborough had ever had the same problem.

Sid se preguntaba si alguna vez David Attenborough tuvo el mismo problema.

40. THE PRICE OF FAME

After the recording of Sid's television series "Nature in Spain" several weeks went by with no news. In Sid's memory it all seemed like a lot of bits and pieces and he had no idea how it would come together. He could only hope that all the notes that Stacey the producer had scribbled down would make some sense to the Spanish editor Joaquín. Eventually Sid decided to call in to the office and see how things were getting on. He was not exactly cheered to be told by Marcus that Joaquín had found a job elsewhere and that Stacey had been sacked.

"This is my new editor Fernando" said Marcus, pointing to a chain-smoking Spaniard staring at a computer screen, "and Kimberley here is my new producer."

Despite Sid's misgivings, he eventually got a phone call telling him that the first programme was due to go out the following week. Joan and Jim were more excited than he was and invited him to watch the first episode with them over a bottle of wine. Sid accepted this offer as he knew it would force him to watch himself, which he didn't really want to do. As the programme introduction started Joan and Jim applauded and Sid cringed. However, he was very impressed with the design of images and music put together by either Joaquín or Fernando as the words "Nature in Spain" appeared and were spoken by a female voice, possibly belonging to Stacey or Kimberley.

He had to admit that the programme was a success and over the following weeks Sid found that he had acquired a certain celebrity status amongst his neighbours. He was also recognized on the street a few times as he went out and about.

40. EL PRECIO DE LA FAMA

Después de la grabación de la serie de televisión de Sid "La Naturaleza en España", pasaron varias semanas sin noticias. En la memoria de Sid todo parecía un montón de trocitos y no tenía ni idea de cómo se encajaría todo. Solo esperaba que todos los apuntes que Stacey, la productora, había garabateado rápidamente, tuviesen algo de sentido para el editor Joaquín. Por fin Sid decidió pasar por la oficina para ver cómo iban las cosas. No se alegró mucho al oír de Marcus que Joaquín había encontrado otro trabajo, y que Stacey había sido despedida.

—Te presento a mi nuevo editor, Fernando —dijo Marcus, señalando a un español que fumaba un cigarrillo tras otro mientras veía el monitor de un ordenador, —y Kimberley, es mi nueva productora.

A pesar de sus dudas, Sid por fin recibió una llamada para decirle que se iba a emitir el primer programa a la semana siguiente. Joan y Jim estaban más ilusionados que él y le invitaron a ver su primer documental con ellos tomando una botella de vino. Sid aceptó la invitación porque así se obligaría a verse a si mismo, cosa que no tenía ganas de hacer. Cuando empezó el programa Joan y Jim aplaudieron, y Sid se encogió. Sin embargo, se quedó impresionado por el conjunto de imágenes y música diseñado por, o Joaquín o Fernando cuando aparecieron las palabras "La Naturaleza en España", fueron pronunciadas por una voz femenina, posiblemente de Stacey o de Kimberley.

Tenía que reconocer que el programa era un éxito y durante las semanas siguientes, Sid se dio cuenta de que había alcanzado una cierta categoría de famoso entre sus vecinos.

Sometimes people would approach him and say how much they enjoyed his programme and other times he would get the sense that they were looking at him and whispering things to each other. He could now imagine how the Beckhams must feel when they pop down to the supermarket.

As a result of his new-found fame Sid also received a number of invitations to speak at social clubs. He always accepted these invitations graciously and quite enjoyed going out and meeting so many new people. On one occasion he was phoned by a man called Gary who was organizing a charity event. "We thought it would be good to have one or two well-known people there, to attract the crowd," said Gary. Sid was rather flattered by this and agreed enthusiastically to attend. "It would be great if you could join in our main fund-raising event."

"Yes, of course," said Sid. "What are you doing?"

"Leg-waxing" said Gary.

"I beg your pardon?" replied Sid in alarm.

"Don't worry about it" said Gary. "It doesn't hurt that much and it's all for a good cause." He gave a little laugh and Sid felt slightly sick.

También fue reconocido varias veces en la calle cuando salía por ahí. A veces, la gente se acercaba a él y le decían cuánto disfrutaban su programa, y en otras ocasiones tenía la sensación de que le miraban y decían cosas entre ellos en voz baja. Ahora podía imaginar cómo se sentían los Beckhams cuando iban al supermercado.

Como consecuencia de su nueva fama Sid también recibió varias invitaciones para dar charlas en los clubs sociales. Él siempre aceptó esas invitaciones con educación y, en realidad disfrutó saliendo y conociendo a tanta gente nueva. En una ocasión le llamó un hombre llamado Gary que organizaba un evento para una causa benéfica. —Pensábamos que sería buena idea invitar a varias personas conocidas para atraer a la gente —dijo Gary. Sid se sintió bastante satisfecho por ese comentario y aceptó asistir con entusiasmo. —Sería fantástico si pudieras participar en nuestra actividad principal para recaudar fondos.

—Sí, por supuesto —dijo Sid. —¿Qué vais a hacer?

—Depilación de piernas con cera —dijo Gary.

—¿Cómo? —respondió Sid alarmado.

—No te preocupes por eso —dijo Gary. —No duele mucho y es para una buena causa—. Se rió un poco y Sid empezó a marearse.

Sid found that he had acquired a certain celebrity status amongst his neighbours.

Sid, se dio cuenta de que había alcanzado a una cierta categoría de famoso entre sus vecinos.

41. THE LEG WAXING

Sid was always happy to do his bit for charity, but he wasn't quite sure how he had agreed to have his legs waxed. Just the thought of it made him feel ill and no amount of rationalization did any good. The fact that women put up with this sort of thing all the time was no comfort at all, and in any case, he had never met a woman with as much hair on her legs as he had. He was able to verify this fact every time he left the house as the weather was extremely hot and everyone was in shorts and swimwear.

However, he saw no way of getting out of the arrangement. Backing out was out of the question as the event had been well advertised and no doubt the word was out that he would be participating. He was determined not to tell his neighbours though, and even managed to keep Joan and Jim in ignorance. The last thing he wanted was a contingent of Sunny Dreams residents cheering him on.

Sid set off to the charity event with a strong sense of foreboding. It was a long way from Sid's house and the directions he had been given were none too clear. After taking innumerable wrong turns along leafy white-walled streets he eventually came across a concrete block of business premises shimmering in the mid afternoon heat. He spied the bar he was looking for, surrounded by a beauty salon, a Chinese restaurant, an estate agent and a greeting card shop. It was a lot smaller than he had expected.

As he entered the bar, his eyes took a few seconds to adjust from the bright sunlight outside. He gradually made out a stage full of sound equipment and a young man shouting into a microphone. There was a scattering of people sitting around

41. LA DEPILACIÓN DE PIERNAS

Sid siempre estaba dispuesto a hacer su parte para una causa benéfica, pero no estaba seguro de cómo había aceptado a depilarse las piernas con cera. Solo pensarlo le hacía sentirse enfermo y ningún tipo de razonamiento le ayudó. El hecho de que las mujeres aguantasen este tipo de cosas todo el tiempo no le consolaba, y de todas formas, no conocía a ninguna mujer con tanto pelo en las piernas como él. Podía verificar este hecho cada vez que salía de casa porque hacía mucho calor y todo el mundo llevaba pantalones cortos y bañadores.

Sin embargo no veía ninguna posibilidad de librarse del acuerdo. Retractarse era imposible porque se le había hecho mucha publicidad al evento, y sin duda se sabía que él participaba. Aun así estaba decidido a no decirles nada a sus vecinos, e incluso logró mantener a Joan y Jim en ignorancia. Lo último que quería era una tropa de sus vecinos de Sunny Dreams dándole ánimos.

Sid marchó hacia el encuentro benéfico con una sensación pesada de aprensión. Estaba muy lejos de su casa y las direcciones que le dieron no eran nada claras. Después de equivocarse de camino en innumerables ocasiones a lo largo de calles arboladas con muros blancos, por fin encontró un bloque de hormigón de locales en una luz trémula del calor de la media tarde. Divisó el bar que buscaba, rodeado por un salón de belleza, un restaurante chino, una inmobiliaria y una papelería con tarjetas de felicitación. Era mucho más pequeño de lo que esperaba.

Al entrar en el bar, sus ojos tardaron unos segundos en acostumbrarse después de la exposición a la luz brillante de fuera. Poco a poco, divisó un escenario con un equipo de música y a un hombre joven gritando con un micrófono.

tables and in the middle of the room stood a kind of therapist's couch covered with towels. Sitting next to this was a young woman in a pink overall who turned and smiled at Sid with a sinister expression.

"Let's give a big hand to our next brave volunteer this afternoon – Sid!" the man shouted into his mike. A weak cheer came from the audience and a couple of teenage girls emerged from the darkness and guided Sid to the couch. Sid felt things were moving too fast and tried to say so but could not find the words. As he sat down he noticed a group of local journalists, with notebooks and cameras. "Get the man a beer!" boomed the voice of the presenter as the pink overall moved towards him.

Later he remembered hearing someone say: "Just relax, you won't feel a thing" followed by a loud, witchlike cackle. Sid's whole body tensed as he felt a warm sensation on his leg. He tried to scream but no sound would come out of his mouth. Cameras flashed, the music got louder and everything went black.

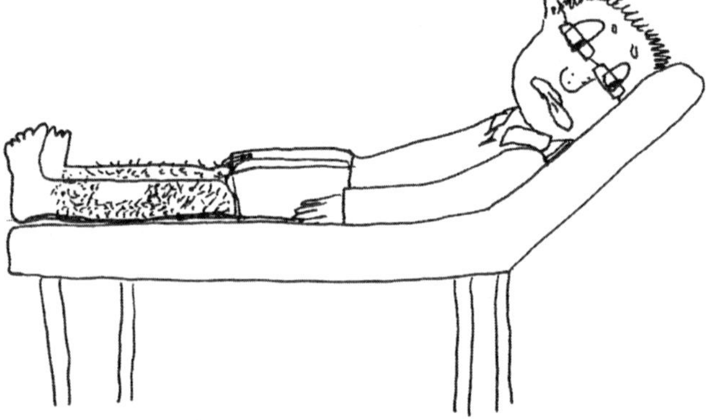

Había poca gente sentada en las mesas y en el medio de la habitación había una especie de diván cubierto de toallas. Sentada al lado, había una mujer joven con una bata rosa que se dio la vuelta y le sonrió con una expresión siniestra.

—¡Démosle un fuerte aplauso a nuestro siguiente voluntario, Sid! —gritó el hombre del micrófono. Un aplauso débil salió del público, y un par de chicas adolescentes aparecieron de la oscuridad y guiaron a Sid hacia el diván. Sid sentía que las cosas se movían muy rápidamente e intentó decirlo, pero no encontró las palabras. Cuando se sentó, se fijó en un grupo de periodistas locales con cuadernillos y cámaras. —¡Dale al hombre una cerveza! —retumbó la voz del presentador mientras la bata rosa se acercó.

Más tarde se acordó de haber oído a alguien decir:

—Relájate, no sentirás nada —seguido de una alta carcajada de bruja. Su cuerpo se tensó cuando sintió una sensación cálida en la pierna. Intentó gritar pero ningún sonido salió de su boca. Las cámaras se encendieron, subió el volumen de la música y todo se volvió negro.

Cameras flashed, the music got louder and everything went black.

Las cámaras se encendieron, subió el volumen de la música y todo se volvió negro.

42. DUBIOUS CELEBRITY

One morning a few days after Sid's leg waxing experience he was pottering around the house in his dressing gown when his front door bell rang several times. He glanced down to see that his bald left shin was exposed but there was no time to cover it up. He opened the door and standing at the front gate were Joan and Jim smiling brightly while Joan waved a newspaper and shouted: "So what's all this about then?"

Sid had no idea what she was talking about but opened the door with a sigh and stood back as they rushed into the living room like a pair of excited children. "You kept this very quiet!" said Jim as Joan handed the paper to Sid. To his horror the front page headline read "Charity stunt goes wrong" accompanied by a picture of himself, sprawled unconscious on the floor next to some bar stools.

Sid couldn't believe his eyes: "It looks as though I was drunk!" were his first words. "Well, weren't you?" exclaimed Jim. "Because if you weren't you did a bloody good job of pretending." Both Joan and Jim broke into guffaws of laughter at this while Sid sat in stunned silence. "We're going to have to keep a closer eye on you, especially now that you're famous," said Joan.

Sid knew he had to explain exactly what happened to Joan and Jim, as whatever they said would become the official version of events for all of Sunny Dreams and beyond. He finished off his story with: "And here's the scar to prove it" extending his bald left leg. By this time Joan was laughing so much she had to mop the tears from her eyes. "That's the funniest thing I've heard for ages. Thank you Sid, I was feeling

42. CELEBRIDAD DUDOSA

Una mañana, varios días después de su experiencia depilatoria, Sid merodeaba por su casa en bata cuando su timbre empezó a sonar varias veces. Observó que su espinilla izquierda depilada estaba expuesta pero no tuvo tiempo de taparla. Abrió la puerta y se encontró frente a su casa a Joan y Jim sonriéndole mientras Joan sacudía el periódico gritando:

—¿De qué va todo esto?

Sid no tenía ni idea de lo que le estaba hablando, pero abrió la puerta con un suspiro y los dejó entrar al salón como unos niños emocionados. —¡Te lo tenías muy callado! —dijo Jim mientras Joan le entregaba el periódico a Sid. Horrorizado, vio que el titular de la primera página decía:

"Acto benéfico sale mal" acompañado por una foto suya, tirado inconsciente en el suelo al lado de unos taburetes.

Sid no podía creer lo que estaban viendo sus ojos: —¡Parece que estaba borracho! —fueron sus primeras palabras.

—Pero, ¿No lo estabas? —exclamó Jim. —Porque si no lo disimulaste muy bien—. Joan y Jim empezaron a reírse a carcajadas mientras Sid estaba sentado en un rotundo silencio. —Vamos a tener que vigilarte un poco más, sobre todo ahora que eres famoso —dijo Joan.

Sid sabía que iba a tener que explicarles a Joan y Jim exactamente lo que había pasado, ya que lo que ellos dijesen sería la versión oficial que se difundiría por Sunny Dreams y más allá. Acabó su historia con: —Y aquí está la cicatriz que lo demuestra —enseñándoles su pierna izquierda depilada. Para entonces, Joan estaba riéndose tanto que tuvo que secarse las lágrimas. —Esa es la cosa más graciosa que he oído en mucho

a bit down, but you've really cheered me up!" "My pleasure" said Sid weakly, which set Joan off again into peals of laughter.

"The trouble is," said Sid. "It's now all over the papers. What am I going to do?"

"Well, you could have the other leg done to match" said Jim, rather unhelpfully as they both collapsed once more into hysterics. Just at that moment the phone rang and Sid picked it up nervously.

"Good morning Sid, it's Pat here from the charity. I'm just phoning to thank you so much for getting us onto the front pages. The response has been incredible. People have been phoning all morning to pledge their support. I really can't thank you enough!"

"My pleasure" said Sid for the second time that morning.

For the rest of the day Sid's phone did not stop ringing. As well as two or three journalists, he was bombarded with requests from local charities to help in their fund-raising efforts. Sid had to say no to most of them which was not at all easy, but by the end of the day the only thing he had agreed to was to become a walker for abandoned dogs.

tiempo. Gracias Sid me estaba sintiendo un poco decaída últimamente, ¡Pero me has animado mucho!

—Un placer —dijo Sid con voz débil, lo cual hizo que Joan arrancase a reír otra vez.

—El problema es —dijo Sid, —que ahora está publicado en todos los periódicos. ¿Qué voy a hacer?

—Pues podrías hacerte la otra pierna para que esté igual —fue el inútil comentario de Jim, y los dos empezaron a reírse otra vez. En ese momento sonó el teléfono y Sid contestó de un modo nervioso.

—Buenos días Sid, soy Pat de la sociedad benéfica. Llamo para agradecerte el hecho de habernos puesto en las primeras páginas. La respuesta ha sido increíble. La gente ha estado llamando toda la mañana para darnos su apoyo económico. ¡No sabes cuánto te lo agradezco!

—Un placer —dijo Sid por segunda vez esa mañana.

Durante el resto del día su teléfono no paró de sonar. Además de dos o tres periodistas, le bombardearon con peticiones de organizaciones locales para que les ayudase con sus recaudaciones. Sid le tuvo que decir que no a la mayoría, lo cual no fue fácil, pero al final del día solo había aceptado a pasear a unos perros abandonados.

The front page had a picture of Sid sprawled unconscious on the floor next to some bar stools.

La primera página mostraba una foto de Sid, tirado inconsciente en el suelo al lado de unos taburetes.

43. FRESH AIR

Sid was not really an animal person. His cat Smokey came and went as it pleased, and he was happy to think that there was nothing or no one dependent upon him. He had only agreed to become a dog walker because he had felt somewhat pressurized after the leg-waxing debacle. At least it was a way of doing good to a fellow creature without any commitment and it had the added advantage of getting him out for some fresh air.

On the appointed morning Sid arrived at the animal shelter and was rather overwhelmed by the variety of dogs that rushed up to greet him. His attention was caught by a small lady poodle which held back and eyed him from a distance. "Am I allowed to choose which one I take for a walk?" Sid asked the rather efficient lady organizer.

"No you can't," came the terse reply, "but you can specify the size if you want to."

Sid pointed to the poodle and said "I want that size one please." The poodle was duly handed over.

Sid patted the dog on her soft head and said: "Come on Fluffy, we're off for a walk." Fluffy responded immediately with a jump of excitement and off they went to the promenade to take in some sea air. They had a great time together and Sid felt a little guilty handing her back to the shelter. "See you next week, Fluffy!" he said out loud, feeling a little foolish.

Sid started to look forward to his weekly dog walks, and he was just on his way out to see Fluffy one day when his phone rang.

"Good morning, is this Sid?" said a man with a Dutch accent.

43. AIRE FRESCO

Sid realmente no era amante de los animales. Su gato Smokey iba y venía a su aire y Sid era feliz pensando que no había nada ni nadie que dependiese de él. Sólo había aceptado lo de pasear perros, porque le había dejado cierta presión después del espectáculo de depilarse las piernas. Por lo menos era una forma de hacer el bien para una criatura sin ningún compromiso, y tenía la ventaja de salir a tomar el aire.

En la mañana acordada, Sid llegó al refugio de animales y se encontró bastante abrumado por la variedad de perros que se le acercaban para saludarle. Le llamó la atención una pequeña caniche hembra que se quedó atrás y le observaba desde la distancia. —¿Puedo elegir cuál quiero pasear? —le preguntó Sid a la eficiente organizadora.

—No, no puedes —contestó fríamente, —pero puedes especificar el tamaño que quieres.

Sid señaló a la caniche y dijo —quiero de ese tamaño por favor—. La caniche le fue debidamente entregada.

Sid le pasó la mano por su cabecita suave y dijo:

—Vamos Fluffy, nos vamos de paseo—. Fluffy respondió inmediatamente con un salto de alegría y marcharon al paseo marítimo para respirar el aire del mar. Se lo pasaron en grande y Sid se sintió un poco culpable dejándola de nuevo en el refugio. —¡Hasta la semana que viene Fluffy! —dijo en voz alta, sintiéndose un poco tonto.

Sid esperaba con ilusión sus paseos semanales, y un día que estaba de camino para ver a Fluffy, le sonó el teléfono. —Buenos días, ¿está Sid? —dijo un hombre con acento holandés.

"Yes, speaking," Sid replied. The man said he really enjoyed Sid's programmes about nature and wanted to speak to him about a project that he thought would interest him. Sid was curious and agreed to meet the man whose name was Herman that same morning at a beach bar.

It was a particularly windy morning and Fluffy's ears kept blowing over her head as they walked along. When they arrived at the beach bar they found Herman sitting alone with a glass of beer and a brief case.

"I am selling a new product" said Herman, "and I think you would be the ideal person to promote it. It is a device which guarantees fresh air in your home." Sid thought he had heard everything since he had been in Spain, but apparently not.

"Er, what's wrong with opening the windows?" he asked.

"That is not enough!" replied Herman. "You need my product to cleanse your house of the poison which invades it from taps and drains." Sid listened to Herman for a while and then politely took his leave.

"There's one born every minute, Fluffy" he said as the wind ruffled through her fur, "but fortunately, I'm not one of them."

—Sí, soy yo —contestó Sid. El hombre dijo que le encantaban sus programas de naturaleza y quería hablar con él sobre un proyecto que pensó que le podría interesar. Sid sentía curiosidad y accedió a quedar con el hombre llamado Herman esa misma mañana en un bar de la playa.

Era una mañana especialmente ventosa y las orejas de Fluffy no paraban de irse hacia arriba mientras caminaban. Cuando llegaron al bar se encontraron a Herman sentado solo, con una cerveza y un maletín. —Estoy vendiendo un nuevo producto —dijo Herman, —y creo que serías la persona ideal para promocionarlo. Es un aparato que asegura aire fresco en tu casa—. Sid pensó que ya había oído todo desde que llegó a España, pero parecía que no.

—Eemm, y ¿qué pasa con abrir las ventanas? —preguntó.

—¡No es suficiente! —contestó Herman. —Necesitas mi producto para limpiar tu casa de los venenos que lo invaden desde los grifos hasta los desagües—. Sid escuchó a Herman un rato y educadamente se despidió.

—Un tonto nace cada minuto, Fluffy —dijo mientras el viento despeinaba el pelo de Fluffy, —pero afortunadamente, no soy uno de ellos.

Sid patted the dog on her soft head and said: "Come on Fluffy, we're off for a walk."

Sid le pasó la mano por su cabecita suave y dijo: —Vamos Fluffy, nos vamos de paseo.

44. CORDOBA

One day as Sid was walking around the urbanization he bumped into Carmen, his Spanish neighbour whom he hadn't seen for quite a while. She had not been well, but was now much better and told him she was going on a trip to Cordoba. She said something in rapid Spanish and rushed away towards her house, reappearing with a photocopy which she thrust into Sid's hand.

The photocopy was about a three-day trip to Cordoba for a very reasonable price in just two weeks time. Sid checked in his diary and saw that he was free. He had done quite a lot of exploring in towns and cities nearby, but had yet to discover the wonders of Andalusia, so this seemed like an ideal opportunity.

Two weeks later Sid was standing at a bus stop along with Carmen and a large group of Spanish pensioners. Carmen introduced them to him one by one and they all greeted him warmly. Spirits were high and there was a lot of laughter and back-slapping amongst the men whilst the ladies all seemed to be speaking together at the same time. Sid's Spanish was not up to following any of the conversations so he just stood and smiled in a friendly way.

After a long discussion about the passenger list, and some very late arrivals, the bus finally left forty five minutes later than planned. There were several stops on the journey including a very long one for lunch, and they finally arrived at the hotel in the early evening. Sid just wanted to be quiet for a while, but he found that his counterparts were making complicated arrangements to meet for supper, which it seemed had to be done in a large group all at the same time.

44. CÓRDOBA

Un día mientras Sid paseaba por la urbanización se encontró con Carmen, su vecina española a la que no había visto en mucho tiempo. Había estado mala, pero ahora estaba mucho mejor, y le dijo que se iba de viaje a Córdoba. Dijo algo en un español muy rápido y se dirigió con prisa hacia su casa, apareciendo de nuevo con una fotocopia y entregándosela.

La fotocopia iba sobre un viaje de tres días a Córdoba por un precio razonable dentro de un par de semanas. Sid consultó su agenda y vio que estaba libre. Había visitado bastantes ciudades y pueblos cercanos, pero le quedaba por descubrir las maravillas de Andalucía, así que le pareció la oportunidad perfecta.

Dos semanas más tarde, Sid se encontró en una parada de autobús junto con Carmen y un gran grupo de pensionistas españoles. Carmen se los presentó uno a uno y ellos le recibieron amablemente. Estaban muy entusiasmados y se oían muchas risas y palmaditas en las espaldas por parte de los hombres mientras, las mujeres hablaban todas a la vez. El español de Sid no le permitía seguir ninguna de las conversaciones, así que se limitó a sonreír amablemente.

Después de una larga discusión sobre la lista de pasajeros, y algunas apariciones a última hora, el autobús arrancó con cuarenta y cinco minutos de retraso. Pararon varias veces durante el trayecto, incluyendo una parada muy larga a la hora de comer, y finalmente llegaron al hotel al atardecer. Sid solo quería un poco de tranquilidad, pero vio que sus compañeros estaban organizando cómo quedar para cenar, cosa que por lo visto debía hacer todo el grupo a la vez.

44. Cordoba

Over the holiday Sid found that everything was done in the same way. Several times a day there were lengthy consultations about arrangements which were then ignored by half of the party, holding everyone else up. However no one seemed to find this annoying and Sid decided it was best to just tag along and do what he was told. Every now and again he was given a good-humoured slap on the back as some joke was made, presumably about his English ways. In fact, he had never felt so English is his entire life.

All these minor cultural differences however were completely outweighed by the glories of Cordoba. Sid took in the wonders of the ancient city with its spectacular mosque, now a Christian cathedral, its palaces and gardens, winding streets and whitewashed buildings, and soaked up the atmosphere. Whenever they stopped to rest he assured Carmen that he was more than happy to sit and read about what he was seeing while she joined in the animated conversation. On the final night of the trip Sid did not escape from the festivities and he spun Carmen round the hotel dance floor, to the delight and applause of his new Spanish friends.

Durante el viaje, Sid vio que todo se hacía de la misma forma. Varias veces al día había largas consultas sobre la organización que después eran ignoradas por la mitad del grupo, haciendo perder el tiempo a los demás. A nadie parecía molestarle esta situación así que Sid decidió que lo mejor sería seguir a los demás y hacer lo que le mandasen. De vez en cuando le daban alguna palmadita en la espalda cuando hacían alguna broma, probablemente de sus costumbres inglesas. De hecho, nunca se había sentido más inglés en toda su vida.

No obstante, todas estas pequeñas diferencias culturales fueron insignificantes gracias al encanto de Córdoba. Sid contempló las maravillas de la vieja ciudad y la espectacular mezquita, ahora una catedral cristiana, sus palacios y jardines, sinuosas calles y blancas fachadas, y se empapó del ambiente. Cuando paraban a descansar, él le aseguró a Carmen que estaba contento leyendo sobre lo que estaba viendo mientras ella se unía a la animada conversación. La última noche de su viaje, Sid no se pudo escapar de la fiesta, y dio vueltas con Carmen sobre la pista de baile del hotel, mientras sus nuevos amigos españoles aplaudían encantados.

The spectacular mosque, now a Christian cathedral, its palaces and gardens, winding streets and whitewashed buildings.

La espectacular mezquita, ahora una catedral cristiana, sus palacios y jardines, sinuosas calles y blancas fachadas.

45. BINGO!

Shortly after Sid's return from the trip to Cordoba, he accompanied Carmen to a night of bingo at the local pensioners' centre. His last experience of bingo was on a wet weekend in Rhyl in 1972 which had put him off for good. He wasn't really interested in the game, but thought it would be a way of keeping contact with his new Spanish friends.

He and Carmen entered the large vestibule of the pensioners' centre, with its brightly painted doors and white walls covered with pictures and notice boards. She led the way into a large hall full of tables and chairs with a few people setting up a set of microphones and lights at one end, and a bar at the other end where a group of pensioners stood talking.

Sid was greeted with great warmth and a few jokes which he didn't understand but assumed by the gestures that they had to do with his dancing prowess. Sid laughed as though he understood every word and took his glass of beer to sit down with this small group of friends. After a while a large colourful lady came round with some bingo cards and everyone bought a few, amidst animated conversation.

Another twenty minutes went by as the hall filled up with a large crowd of talkative, happy people who all greeted each other enthusiastically. The bingo seemed to be the last thing on everyone's mind but to Sid's surprise the noise came to an abrupt halt when a loud voice boomed from the loudspeakers announcing the start of the game.

All of a sudden everyone concentrated on the task at hand. As Sid had anticipated, the exercise was very good

45. ¡BINGO!

Poco tiempo después de la vuelta de su viaje a Córdoba, Sid acompañó a Carmen a una noche de bingo en el centro local de la tercera edad. Su última experiencia con el bingo fue un fin de semana lluvioso en Rhyl en 1972 que le había desanimado para siempre. Realmente no estaba interesado en el juego, pero pensó que sería una buena manera de mantenerse en contacto con sus nuevos amigos españoles.

Carmen y él entraron en el amplio vestíbulo del centro de la tercera edad, con sus puertas pintadas con colores vivos y las paredes blancas llenas de cuadros y tableros de anuncios. Ella iba delante, a una sala grande llena de mesas y sillas, con algunas personas montando un sistema de micrófonos y luces en un extremo, y un bar en el otro extremo donde un grupo de pensionistas estaban de pie hablando.

Saludaron a Sid con mucho cariño y con chistes que no entendía pero supuso por los gestos, que tenían que ver con sus habilidades como bailarín. Sid se rio como si entendiese cada palabra y cogió su cerveza para sentarse con este pequeño grupo de amigos. Después de un rato una señora grande y vestida de colores vivos se pasó con tarjetas de bingo y todos compraron algunas, mientras conversaban animadamente.

Pasaron otros veinte minutos y la sala se llenó de una multitud de personas habladoras y felices saludándose con entusiasmo. Parecía que el bingo era la última cosa en que estaban pensando pero para la sorpresa de Sid el ruido paró de repente, cuando una voz retumbó de los altavoces anunciando el inicio del juego.

De repente todo el mundo se centró en dicha tarea. Como Sid había previsto, la actividad le venía muy bien para su

for his Spanish. It took him several seconds to understand each number, which he then had to double check with the figure that appeared on the screen at the front. As the person in charge of the screen was also rather slow on the uptake, Sid was always lagging two or three numbers behind everyone else.

As the evening wore on people rose to claim a variety of prizes displayed on a table at the side of the room, the biggest and most coveted of which was a large leg of ham. Although Sid's memory of that weekend in Rhyl was now very faded, he was pretty sure the bingo prizes did not include a leg of ham. He chuckled to himself at this thought and reflected on how impossible it would be to explain it to his friends.

After an hour and a half Sid's interest started to flag and he surreptitiously looked at his watch. As he did so a great shout of "Bingo!" went up from his table as Carmen nudged him and told him he had completed a card. Sid approached the table of prizes and picked out a food mixer which he noticed Carmen had her eye on. As he handed it to her everyone cheered and Carmen fanned herself to cover her blushes.

español. Tardaba varios segundos para entender cada número, y a continuación comprobaba la cifra que aparecía en la pantalla, que había en la parte delantera de la sala. Como la persona encargada de la pantalla también era bastante lenta, Sid siempre iba dos o tres números por detrás de los demás.

Conforme avanzaba la noche, la gente se iba levantando para recoger su recompensa de la mesa donde estaban exhibidos todos los premios, en un lado de la sala, de los cuales el más importante y codiciado, era un jamón grande. Aunque los recuerdos de Sid de ese fin de semana en Rhyl ya eran muy borrosos, estaba bastante seguro de que los premios del bingo no incluían un jamón. Se rio pensando en eso y reflexionó sobre la imposibilidad de explicar el chiste a sus amigos.

Después de una hora y media, el interés de Sid empezó a disminuir y, clandestinamente miró su reloj. Mientras lo hacía, oyó en su mesa el grito —¡Bingo! —y Carmen le dio un codazo para decirle que había llenado una tarjeta. Sid se acercó a la mesa de premios y escogió una batidora pues había notado que Carmen le echaba el ojo. Cuando se la entregó, todo el mundo aplaudió y Carmen se abanicó para disimular su rubor.

Everyone cheered and Carmen fanned herself to cover her blushes.

Todo el mundo aplaudió y Carmen se abanicó para disimular su rubor.

46. THE SUMMER FAYRE

Sid continued to take Fluffy for walks on a regular basis but was reluctant to commit himself to more charitable work as he was already so busy with his community role, his ecological projects and his attempts at Spanish integration, to name but a few things with which he managed to fill his time. Some years ago he had wondered whether he would get bored when he retired, but he now wondered how he had ever had time to work.

One day when he was returning Fluffy to the dog sanctuary the lady in charge asked him if he could spare a few hours to help with a stall at a Summer Fayre organized at a local restaurant. As Sid had nothing planned for the proposed day he decided to say yes. "We have some leaflets to give out about adoption and dog-walking," said the lady "and a few items of bric-a-brac to sell to raise money."

Sid arrived at the arranged time and took his place at the stall which had already been going for several hours. He was taking over from another helper called Margaret who brought him up to date with events. He found out that there were three other animal charities with stands at the fayre which Margaret thought was very bad, although Sid couldn't really understand why.

"It's best to just ignore them" she said in a whisper.

Once he was on his own, the first thing Sid did was tidy up the bric-a-brac which was all over the place. He rewrote the price labels, arranged the bags according to their size and he put some folded paper under one of the legs to stop the table wobbling. After that he started on the display boards straightening up the photos of the dogs and rearranging their

46. LA FERIA DE VERANO

Sid siguió llevando a Fluffy de paseo, pero se negaba a comprometerse con otra causa benéfica ya que estaba muy ocupado con su trabajo en la comunidad, sus proyectos ecológicos y sus intentos de integrarse en la sociedad española, solo por mencionar algunas de las cosas con las que rellenaba su tiempo. Algunos años antes se había preguntado si se aburriría mucho cuando se jubilase, pero ahora se preguntaba cómo antes tenía tiempo para trabajar.

Un día, mientras devolvía a Fluffy al refugio, la encargada le preguntó si le sobraba algo de tiempo para ayudarles con un puesto en una feria de verano organizada en el local de un restaurante. Como Sid no tenía nada planeado para el día que le propuso, decidió aceptar.

—Tenemos folletos que repartir sobre adopción y paseo de perros —dijo la señora —y algunas baratijas que vender para recaudar dinero.

Sid llegó a la hora acordada y se colocó en el puesto, que ya estaba abierto hacía varias horas. Iba a sustituir a otra ayudante llamada Margaret quien le puso al día acerca de los acontecimientos. Se enteró de que había tres organizaciones benéficas más para animales que tenían puestos en la feria, lo cual no agradaba a Margaret, aunque Sid no entendía por qué.

—Será mejor ignorarles —le dijo en voz baja.

Una vez que se quedó sólo, lo primero que hizo fue organizar las baratijas, que estaban muy desordenadas. Reescribió las etiquetas con el precio, ordenó las bolsas por tamaños y puso un papel doblado debajo de una de las patas de la mesa para que parase de tambalear. Después siguió con los tablones, poniendo rectas las fotos de los perros y reorganizando las etiquetas con

name tags. Finally he placed the leaflets in little piles in each corner for people to pick up.

As he worked away he became conscious of the other charity people watching him intently. Despite Margaret's warning to keep his distance Sid smiled at one of them and said;

"Just because it's for charity doesn't mean it has to be a mess." The lady from the other stand glared back at him.

"You have an Alsatian on your board that looks just like one of ours" she replied accusingly. Sid wondered whether she had been an estate agent in a former life.

At the end of his turn Sid took the opportunity to look around the fayre. As well as charity stands there was a variety stalls with jewellery, candles, scarves, woodwork and ornaments, and in one corner there was a tarot card reader. On an impulse Sid bought a pair of earrings which were the style and colour that his former lady friend Sylvia used to wear. Without thinking any more about this sudden decision, Sid folded up the small paper bag neatly and slipped it into a section of his wallet.

sus nombres. Por último, puso los folletos en pequeños montones en cada una de las esquinas para que la gente los pudiese coger.

Mientras trabajaba se percató de que las personas de las otras organizaciones le miraban atentamente. A pesar de las advertencias de Margaret para que se mantuviese alejado, Sid sonrió a una de ellas y le dijo:

—Solo porque es una organización benéfica no significa que tenga que estar hecha un desastre—. La señora del otro puesto le correspondió con una mirada furiosa:

—Tenéis un pastor alemán en vuestro tablón que se parece mucho a uno de los nuestros —respondió de forma acusadora. Sid se preguntó si en otra vida, la señora había sido un agente inmobiliario.

Al final de su turno, Sid aprovechó la oportunidad para darse una vuelta por la feria. A parte de puestos de organizaciones benéficas, había una variedad de puestos de joyas, velas, bufandas, tallados de madera y adornos, y en un rincón había un puesto de cartas de tarot. En un impulso, Sid compró unos pendientes del mismo estilo y color que solía llevar su ex-compañera sentimental Sylvia. Sin pensar más en esta decisión repentina, Sid dobló cuidadosamente la pequeña bolsa de papel y la guardó en su cartera.

Sid bought a pair of earrings which were the style and colour that Sylvia used to wear.

Sid compró unos pendientes del mismo estilo y color que solía llevar Sylvia.

47. MARRIAGE PROBLEMS

Sunny Dreams urbanization had been in existence for nearly three years and life had settled into a routine of peaceful co-existence. Jim continued to be the community president with Sid doing most of the work. Between them they had managed to establish the norms of daily life, such as how and when the swimming pool should be used and whether or not people were allowed to sunbathe on the grass.

In the early days the urbanization had been subject to a series of break-ins and opportunistic thefts but these had been cut down to a minimum by various means, including the benefit of bitter experience. Quite a few of the original residents of the urbanization had now left, some because their Spanish dream had actually turned into a Spanish nightmare, some because their business ideas had not worked out and others because their lives had simply moved on.

Of the original pioneers who had arrived during those heady days three years ago only a small handful remained, including Sid himself, Joan and Jim and Kurt the German. The elderly Swedes with their big dogs had vanished and word was that the gentleman had passed away. Eetu the Finn reappeared on rare occasions, usually in the middle of August when everyone was too hot to notice him. Carmen had landed in an English speaking urbanization apparently as a result of her late husband's bad planning, but spent most of her time out and about enjoying herself.

Despite Joan and Jim's many faults, Sid had grown reluctantly fond of them over the years. They sometimes

47. PROBLEMAS MATRIMONIALES

La urbanización de Sunny Dreams ya llevaba casi tres años de existencia y la vida se había adaptado a una rutina de convivencia pacífica. Jim seguía como el presidente de la comunidad con Sid haciendo la mayor parte del trabajo. Entre los dos lograron establecer las normas de la vida diaria, por ejemplo sobre cómo y cuándo se podía utilizar la piscina y si se permitiría o no que la gente tomase el sol en la hierba.

En los primeros tiempos, la urbanización había sido víctima de una serie de saqueos en casas y robos oportunistas, pero estos ya se habían reducido al mínimo con la ayuda de varios medios, incluyendo la amarga experiencia. Unos cuantos de los residentes originales ya se habían marchado, algunos porque su sueño español se había convertido en un auténtica pesadilla española, algunos porque sus planes de negocio no se habían cumplido y otros simplemente porque había llegado el momento de hacer un cambio en sus vidas.

De los pioneros originales que llegaron en aquellos días tan emocionantes hace tres años, solo quedaban unos pocos, incluyendo al propio Sid, Joan y Jim y Kurt el alemán. Los suecos ancianos con sus perros grandes habían desaparecido y se rumoreaban, que el señor había fallecido. Eetu el finlandés reaparecía muy de vez en cuando, normalmente a mediados de agosto cuando hacía demasiado calor para que los demás se diesen cuenta de su presencia. Carmen había aterrizado en el medio de una comunidad angloparlante más bien por la mala organización de su difunto marido, pero ella pasaba la mayor parte de su tiempo por ahí pasándolo bien.

A pesar de los muchos defectos de Joan y Jim, Sid les había cogido mucho cariño a lo largo de los años y casi sin querer. A

reminded him of overgrown children, but on other occasions it was more than evident that they were carrying the baggage of many years of marriage. Much to his dismay, Sid was regaled from time to time with the details of their marital discord. Joan was prone to depression and suffered from mood swings which Jim found impossible to deal with. His response to domestic tension was to hit the bottle, preferably in the company of Sid.

One morning as Sid was quietly pottering around at home his doorbell rang and Jim was at his front gate looking distraught. "She's gone!" he cried dramatically as soon as he entered the living room.

"Gone where?" asked Sid.

"I don't know! Oh my god, what am I going to do?" Jim gasped in reply. "I have been such a bad husband. Here is her note." Sid read the piece of paper thrust into his hand. "I have had enough. Don't try to contact me. The meat in the fridge needs eating today." Sid read out loud.

"You see how she looks after me? Oh my god! Sid, what should I do?"

Jim sat on Sid's sofa and accepted a glass of whisky. After a few simple questions and a phone call Sid located Joan in her best friend's kitchen. She refused to return home but was prepared to negotiate. Sid realized he was in for a long day.

veces le recordaban como si fueran niños demasiado grandes, pero en otros momentos era más que evidente que se trataba del lastre emocional de muchos años de matrimonio. Para su pesadumbre, de vez en cuando entretenían a Sid con los detalles de sus problemas matrimoniales. Joan era propensa a la depresión y sufrió de cambios extremos de humor, que le resultaban a Jim imposible de enfrentar. Su respuesta a la tensión doméstica era emborracharse a lo bestia, preferiblemente en compañía de Sid.

Una mañana mientras Sid hacía pequeños arreglos en su casa sonó el timbre y allí estaba Jim, en su puerta con una mirada angustiada. —¡Se ha ido! —gritó de manera teatral en cuanto entró en el salón.

—¿Adónde? —preguntó Sid.

—¡No lo sé! Oh dios mío, ¿qué voy a hacer? —Jim exclamó como respuesta. —He sido un marido muy malo. Aquí está su nota—. Sid leyó el papelito que Jim le metió en la mano. "Estoy harta. No intentes contactar conmigo. La carne que está en el frigo, es para comer hoy" Sid leyó en voz alta.

—¿Ves como me cuida? ¡Oh dios mío! Sid, ¿Qué hago?

Jim se sentó en el sofá de Sid y aceptó un vaso de whisky. Después de unas preguntas sencillas y una llamada telefónica, Sid localizó a Joan en la cocina de su mejor amiga. Se negaba a volver a casa pero estaba dispuesta a negociar. Sid se dio cuenta de que le esperaba un largo día.

"She's gone!" Jim cried dramatically as soon as he entered the living room.

—¡Se ha ido! —gritó Jim de manera teatral en cuanto entró en el salón.

48. NEGOTIATING TERMS

Sid had found himself in some strange situations since moving to Spain, but this had to be the strangest. He was of the old school of Englishmen who found it impossible to talk about emotions, and yet here he was acting as the go-between for this most uninhibited of couples. He was just thankful that the calls would be charged to Jim's telephone account and not his own.

First he had to listen to a tirade from Joan about what a bad life Jim had given her which included several personal details that he would rather not have known. When he edited these remarks for Jim's benefit, he was met with, "I know, I know. I'm sorry. Just tell her I want her back and it will all be different." This phase of the negotiation lasted about forty five minutes, to the point where Joan hung up on Sid and Jim sobbed inconsolably.

Round two started when Sid was instructed to phone Joan and ask her what she wanted Jim to do. Sid's heart sank when she replied with a note of hysteria: "There's nothing I haven't done for that man, and now he thinks to ask what he can do for me!" This was followed by a detailed account of absolutely everything Joan had ever done for Jim.

"Er Joan, Joan love, er Jim says he really does appreciate everything you've done for him, and er he really does love you very much indeed" said Sid, at which point the phone was slammed down once more.

Just when Sid thought it couldn't get any worse, Jim launched into an account of the joys of marriage to Joan and how unbearable life would be without her. He spoke with such feeling that Sid suggested it would be more effective if he

48. NEGOCIANDO UN ACUERDO

Sid se había encontrado en algunas situaciones extrañas desde que se mudó a España, pero ésta tenía que ser la más extraña de todas. Él era de la vieja guardia de los ingleses que eran incapaces de hablar sobre sus emociones, y sin embargo aquí estaba actuando como intermediario para esta pareja tan espontánea. Solo le aliviaba el hecho de que las llamadas se cargarían a la cuenta telefónica de Jim y no a la suya.

Primero tuvo que escuchar las alegaciones de Joan sobre la mala vida que le había dado Jim, que incluían varios detalles personales que Sid hubiese preferido no saber. Cuando resumió estos comentarios para Jim, él le respondió:

—Lo sé, lo sé. Lo siento. Solo dile que la quiero de vuelta conmigo y que todo será diferente—. Esta ronda de la negociación duró unos cuarenta y cinco minutos, hasta el momento en el que Joan colgó y Jim empezó a llorar sin consuelo.

La segunda ronda empezó cuando Jim le dijo a Sid que llamase a Joan para preguntarle qué quería que hiciese. A Sid se le cayó el alma al suelo cuando ella contestó con un tono histérico: —¡No hay nada en este mundo que yo no haya hecho por ese hombre, y ahora se le ocurre preguntarme qué puede hacer él para mí!—. Siguió con una explicación detallada de absolutamente todo lo que había hecho ella por Jim.

—Eh Joan, Joan cariño, Jim dice que realmente agradece todo lo que has hecho por él y que realmente, te quiere mucho —dijo Sid; y en ese preciso momento el teléfono se colgó otra vez.

Justo cuando Sid creyó que las cosas no podían ir peor, Jim se lanzó en una historia sobre las alegrías que le había dado su matrimonio con Joan y lo insoportable que sería la

spoke to his wife himself, but Jim said: “No Sid, she’ll listen to you, you tell her.” Sid wanted the ground to swallow him up, but felt unable to extricate himself from the situation. In response to these words of passion Joan first mentioned her need of “space”, and at long last the real negotiations began.

“Joan says she needs space” said Sid.

“Space?” asked Jim with a puzzled look. “What sort of space, and how much?” said Jim who seemed to be visualizing some sort of house extension.

“She needs to get away for a while, meet up with friends, take up a hobby, that sort of thing” replied Sid. At last Sid felt that he had waded onto some firm ground and it took only another twenty minutes to agree to all of Joan’s terms and conditions so that they could “try again.”

Sid was absolutely shattered at the end of all this and could only agree weakly to Jim’s offer of liquid refreshment. However, he sipped his drink slowly and watched as Jim drank himself into a stupor. He then covered him with a table cloth and a bath towel and let himself out of the front door.

vida sin ella. Habló con tanta emoción que Sid le sugirió que sería más eficaz que él mismo hablase con su mujer, pero Jim dijo: —No Sid, ella te escuchará, díselo tú—. Sid quería que la tierra le tragase, pero se sintió incapaz de huir de la situación. Como respuesta a estas palabras apasionadas, Joan mencionó por primera vez su necesidad de "espacio", y por fin las negociaciones empezaron de verdad.

—Joan dice que necesita espacio —dijo Sid.

—¿Espacio? —respondió Jim con una mirada confusa.

—¿Qué tipo de espacio, y cuánto? —dijo Jim, al que le pareció visualizar algún tipo de ampliación de su casa.

—Necesita apartarse durante un tiempo, quedar con sus amigas, tener un hobby, ese tipo de cosas —respondió Sid.

Por fin Sid sintió que se encontraba en tierra firme, y tardaron solo unos veinte minutos más para ponerse de acuerdo sobre todas las condiciones de Joan y así pudiesen "intentarlo otra vez".

Sid se quedó hecho polvo después de todo esto y solo pudo acceder con pocas ganas a la oferta de Jim de tomar algo. Sin embargo, tomó su bebida a sorbos y contempló como Jim se emborrachaba hasta quedar inconsciente. Entonces lo tapó con un mantel y una toalla grande y salió solo por la puerta principal.

He was just thankful that the calls would be charged to Jim's telephone account and not his own.

Solo le aliviaba el hecho de que las llamadas se cargarían a la cuenta telefónica de Jim y no a la suya.

49. THE BULLFIGHT

Sid had always considered himself a peaceful soul, and yet for some reason in Spain he had found it difficult to keep out of trouble. One morning on his usual walk round the urbanization he met his German neighbour Kurt and stopped to have a chat. Kurt, who Sid had only recently realized was gay, considered himself an expert on the subject of bullfighting – something Sid had so far kept well away from.

The two men had a friendly discussion on the subject which ended with Kurt asking: "Have you ever attended a bullfight Sid?"

"No I haven't" replied Sid, "and I wouldn't want to either."

"Then you are not in a position to condemn it," said Kurt. "I am going to a bullfight next Saturday. If you wish we can go together."

Sid thanked Kurt for the invitation but turned it down politely. However, as he continued his stroll and reran the conversation in his mind, he couldn't help feeling that Kurt might have a point. He also felt a certain curiosity to go to a bullfight and see for himself what it was that excited everyone so much.

With a slight feeling of unease he knocked on Kurt's door the next day and said he would like to accompany him to the bullfight. "Excellent!" said Kurt. "I am quite sure you will enjoy it!" Sid wasn't sure at all, but he had made up his mind and looked forward to Saturday with a mixture of guilt and excitement.

Kurt suggested that Sid rode on the back of his motorbike, another experience which was entirely novel. As he clung on to Kurt's back for dear life he really wondered what on earth

49. LA CORRIDA DE TOROS

Sid siempre se había considerado una persona pacífica, pero por algún motivo en España le resultó difícil no meterse en problemas. Una mañana durante su paseo diario alrededor de la urbanización se encontró con su vecino alemán Kurt y paró para charlar con él. Kurt, quien Sid se había enterado desde hacía poco que él era gay, se consideraba un experto en el tema de los toros: algo que hasta el momento Sid había evitado.

Los dos hombres mantuvieron una discusión amigable sobre el tema, que terminó con la pregunta de Kurt: —¿Has asistido alguna vez a una corrida de toros Sid?

—No, ¡qué va! —respondió Sid, —y tampoco tengo ganas.

—Entonces no estás en situación de poder condenarlo —dijo Kurt. —Voy a una el sábado que viene. Si quieres podemos ir juntos.

Sid le dio las gracias a Kurt por la invitación, pero la rechazó educadamente. Sin embargo, mientras seguía su paseo y repasaba la conversación mentalmente, no podía evitar la sensación de que Kurt tenía razón. También sentía una cierta curiosidad por ir a una corrida y ver con sus propios ojos qué era lo que emocionaba tanto a la gente.

Con una ligera sensación de desconcierto llamó a la puerta de Kurt al día siguiente y le dijo que le gustaría acompañarle a la corrida. —¡Excelente! —dijo Kurt. —¡Estoy seguro de que la vas a disfrutar!—. Sid no estaba tan seguro, pero había decidido hacerlo y esperaba que llegase el sábado con una mezcla de culpabilidad y emoción.

Kurt le propuso a Sid que se montase en el asiento trasero de su moto, otra experiencia que era completamente novedosa. Cuando se agarró a la espalda de Kurt desesperadamente,

had happened to that quiet insurance agent from Yorkshire who had always made a point of never doing anything adventurous or out of the ordinary.

The bullfight was an almost overwhelming experience of colour, sound and emotion. Sid was captivated by the whole spectacle, but still felt a terrible revulsion for the suffering of the bull. After the first exhilarating half an hour he started to cringe more and more at what he saw. By the end of the bullfight, whilst everyone, including Kurt, was cheering the fall of the final bull, Sid couldn't wait to escape.

"Did you enjoy it?" asked Kurt as they pushed their way through the crowds.

"Er,um, well …" but Sid was saved from answering by the sight before him. There waving banners, booing and shouting "murderers!" at the crowd was a small group of English animal rights activists, including the lady who ran the dog sanctuary where Fluffy lived, and three of her helpers.

All four ladies stared at Sid with looks of utter astonishment and condemnation. Sid was completely at a loss and did the first thing that came into his head. He smiled politely, bowed his head in greeting and said "Good evening ladies." He then strutted away holding a rather surprised Kurt by the hand.

se preguntó qué había pasado con ese agente de seguros tan tranquilo de Yorkshire que siempre insistía en no hacer nada aventurero ni fuera de lo normal.

La corrida era una experiencia casi abrumadora de color, sonido y pasión. Sid estaba cautivado por el espectáculo entero, pero aún así sintió una repugnancia terrible por el sufrimiento del toro. Después de la primera media hora de excitación, empezó a encogerse cada vez más por lo que veía. Al final de la corrida mientras todos, incluyendo a Kurt, aplaudían la caída del último toro, Sid no veía la hora de escapar.

—¿Te ha gustado? —preguntó Kurt, mientras se empujaban por el medio de la multitud.

—Ah, em, pues ...—, pero Sid fue interrumpido por la imagen que tenía delante de él. Allí, agitando pancartas, abucheando y gritando "¡asesinos!" a la muchedumbre, había un grupo pequeño de ingleses militantes de los derechos de los animales, incluyendo a la directora del refugio donde vivía Fluffy, y tres de sus ayudantes.

Las cuatro señoras miraron a Sid con expresiones de estupefacción y condena. Sid se encontró totalmente perplejo e hizo el primer disparate que le pasó por la cabeza. Sonrió educadamente, bajó la cabeza a modo de saludo y dijo: —Buenas tardes señoras—. Entonces se fue pavoneándose cogido de la mano de un Kurt bastante sorprendido.

There waving banners, booing and shouting at the crowd was a small group of English animal rights activists.

Allí, agitando pancartas, abucheando y gritando a la muchedumbre, había un grupo pequeño de ingleses militantes de los derechos de los animales.

50. THE REUNION

Despite recent events Sid continued his dog walking duties, and one day decided to make a change in his usual routine. He had heard about a new dog-friendly park which he thought Fluffy might like. She could run around freely and it even had an area especially dedicated to doggie poo. The park had the added attraction of a bar with an open air terrace, shaded under the palm trees.

Sid entered the park with an excited Fluffy pulling on her lead. He let her go and sat down where he could see her play. He chatted to her in his usual way and didn't notice who the person was sitting at the next table, until he heard "Hello Sid!" in a familiar female voice.

He turned round and to his utter astonishment saw Sylvia sitting alone, looking as beautiful as ever.

"Well, hello! What are you doing here?" was the only thing he could think of saying.

"I'm house and dog sitting for a friend for a week" replied Sylvia. "I might ask the same question of you. I didn't know you liked dogs."

"Oh, well. It's a long story" said Sid feeling decidedly awkward. "Well, if you're not doing anything else, I like long stories" said Sylvia.

Sid felt as though he was in a dream as he joined Sylvia at her table. In answer to his questions Sylvia explained that things with her family had improved a great deal and that she was even thinking about moving back to Spain. She was using this week to test out her feelings about such a big change, which this time would have to be permanent. "Now your turn," she said. "What have you been up to?"

50. EL REENCUENTRO

A pesar de los acontecimientos recientes Sid seguía con su tarea de pasear al perro, y un día decidió hacer un cambio en su rutina habitual. Había oído hablar de un nuevo parque condicionado para los perros y pensó que quizás le gustaría a Fluffy. Podría corretear a su aire e incluso, tenía una zona dedicada a las caquitas de perros. El parque tenía el atractivo adicional de un bar con terraza al aire libre debajo de la sombra de unas palmeras.

Sid entró en el parque con una Fluffy agitada tirando de su correa. La soltó y se sentó dónde la podía ver jugar. Habló con ella como hacía habitualmente sin darse cuenta de la persona sentada en la mesa contigua, hasta que oyó... —¡Hola Sid! —. Era una voz femenina que le resultaba familiar.

Se dio la vuelta y para su total asombro vio a Sylvia sentada sola, tan preciosa como siempre.

—¡Vaya, hola! ¿Qué haces tú aquí? —era la única respuesta que se le ocurrió.

—Estoy cuidando la casa y el perro de una amiga durante una semana—respondió Sylvia. —Te podría hacer la misma pregunta. No sabía que te gustasen los perros.

—Pues, es una historia muy larga —dijo Sid, sintiéndose bastante torpe.

—Bueno. Si no estás muy ocupado, me gustan las historias largas —dijo Sylvia.

Sid se sintió como en un sueño cuando fue a sentarse con Sylvia en su mesa. En contestación a sus preguntas, Sylvia explicó que las cosas con su familia habían mejorado mucho y que incluso estaba pensando en volver a vivir a España. Estaba aprovechando la semana para poner a prueba sus sentimientos sobre este cambio tan grande, y que esta vez tendría que ser permanente.

Sid hardly knew where to start, so decided to explain why he was dog walking, which led him to tell her about his fateful leg waxing experience, which in turn involved telling her about his experiences on local television and radio. She also heard about his sister Mary's visit, about the trials of Joan and Jim and their takeover of the community.

After much laughter Sylvia said: "To be honest Sid, I did hear something about you which I thought was a little odd."

"Oh?" answered Sid, wondering what on earth was coming next.

"Well actually I heard a rumour that you are gay" she said with a twinkle in her eye.

"Ah, yes, well, that can be easily explained" said Sid doubtfully, and as he told Sylvia the story about Kurt and the demonstrators Sylvia laughed till she cried. It was just like old times.

As Sylvia wiped the tears from her eyes her hand touched her ear and she instantly realized she had lost an earring. "It's all your fault!" she exclaimed. "You've made me lose an earring now!" She bent over to search under her chair and Sid suddenly remembered the gift he had bought her at the summer fayre. When she sat up he handed her the small paper package containing two delicate earrings. "These are for you," he said.

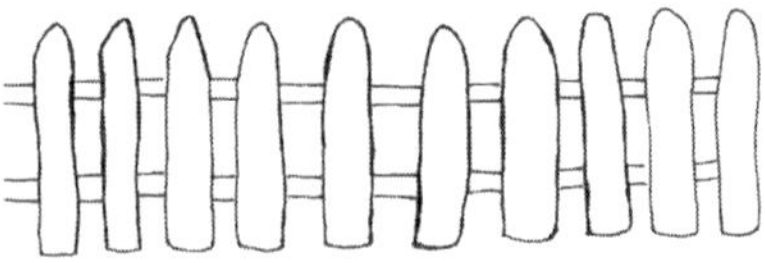

—Ahora te toca —dijo. —¿Qué cosas has hecho?

Sid casi no sabía por dónde empezar, así que decidió explicar por qué paseaba al perro, lo que lo llevó a contarle su fatídica experiencia de depilarse la pierna con cera, y que a su vez le obligó a contarle sobre sus experiencias en la televisión y la radio local. También le contó la visita de su hermana Mary, las dificultades de Joan y Jim además de la toma de poder de ellos en la comunidad.

Después de reírse mucho Sylvia dijo:

—Si te digo la verdad Sid, he oído algo sobre ti que me parecía un poco extraño.

—¿Ah sí? —respondió Sid, preguntándose qué diablos vendría después.

—Pues, en realidad oí un rumor de que eras gay —dijo, con un brillo en los ojos.

—Ah, sí, pues, eso es fácil de explicar —dijo Sid sin convicción, y mientras le contaba la historia de Kurt y los manifestantes, Sylvia se reía hasta que se le saltaron las lágrimas. Era como en los viejos tiempos.

Mientras Sylvia se secaba las lágrimas de los ojos, su mano tocó la oreja y se dio cuenta al instante de que había perdido un pendiente. —¡La culpa la tienes tú! —exclamó. —¡Ya me has hecho perder un pendiente!—. Se agachó para buscar debajo de su silla, y Sid de repente se acordó del detalle que le había comprado en la feria de verano. Cuando ella se incorporó, le entregó el paquetito de papel que contenía dos pendientes delicados. —Esto es para ti —dijo.

Fluffy could run around freely and it even had an area especially dedicated to doggie poo.

Fluffy podría corretear a su aire e incluso, tenía una zona dedicada a las caquitas de perros.

51. URBAN PLANNING

After their surprise meeting Sid and Sylvia agreed to keep in touch. Sylvia clearly wanted to keep things on a casual basis and Sid had no choice but to accept this. He knew that she was still in the process of deciding about her future, but found it hard not to get his hopes up about their relationship. Sid needed to keep himself busy, and as things were rather quiet at the moment in his social life, he decided to do some painting and decorating at home.

Sid had been out and about so much in recent months that he hadn't realized just how much he had neglected his house. For one thing it was nearly four years since he had moved in, but apart from that he was getting rather tired of the whole interior being a uniform white. He decided to paint each room a different pastel shade and had a great deal of fun going round various do-it-yourself shops and mixing paints to find the exact colours he wanted.

Once he had completed the inside of the house to his usual meticulous standards, he turned his attention to the exterior. This time he was obliged to keep to the uniform white of the rest of the houses in the community. When he looked carefully though, he realized that in his case, this had become more of a dingy grey. Rather than pay someone else to do the work, Sid managed to borrow all the equipment he needed and got started on brightening up the whole building.

As Sid worked away on his house, he became more aware of the areas outside Sunny Dreams. On one side there was a huge expanse of similar urbanizations as far as the eye could see, but on the other there was an area of scrubland. Like most of his neighbours, Sid had been told by the estate agent

51. PLANIFICACIÓN URBANÍSTICA

Después de su reencuentro inesperado, Sid y Sylvia acordaron mantener el contacto. Estaba claro que Sylvia solo quería una relación de amistad y Sid no tenía más remedio que aceptarlo. Sabía que ella todavía estaba en proceso de decidir sobre su futuro, pero aun así, le resultó difícil perder las esperanzas sobre su relación. Sid necesitaba algo para mantenerse ocupado, y como su vida social estaba bastante tranquila en ese momento, decidió pintar y decorar su casa.

Sid había salido tanto en los últimos meses, que no se había dado cuenta de cuánto había descuidado su casa. Por una parte iba a cumplir cuatro años desde su mudanza, pero por otra, él estaba bastante aburrido del color blanco de sus paredes. Decidió pintar cada habitación de un tono pastel diferente, y se lo pasó muy bien yendo a varias tiendas de bricolaje y mezclando pinturas, para encontrar los colores exactos que quería.

Una vez terminado el interior de la casa pintada de forma perfeccionista, se concentró en el exterior. Esta vez estaba obligado a mantener el blanco uniforme de todas las casas de la urbanización. Pero cuando se fijó detenidamente, se dio cuenta de que en su caso, se había convertido en un gris sucio. En vez de pagarle a alguien por hacer el trabajo, Sid logró conseguir prestado todo el equipamiento que necesitaba y se puso a trabajar para aclarar el edificio entero.

Mientras Sid trabajaba en su casa, se volvía cada vez más consciente de los alrededores de Sunny Dreams. Por un lado, había una extensión enorme de urbanizaciones parecidas a la suya hasta donde sus ojos le dejaban ver, pero por el otro lado, había una zona llena de maleza. Como a muchos de sus vecinos,

that the land was to become a landscaped park, and a small group of optimists still clung to this belief. The local scaremongers however insisted it was due to become a major sewage works.

Whatever its future, the land at present was an unsightly dump about which many people had protested to no avail. Sid had kept out of the arguments reported in the press as much as possible, but one afternoon as he perched on his scaffolding and peered across the horizon, he decided it was time he took some action. The following morning he went down to the town hall and demanded in his best Spanish to see the plans for the whole area.

After some delay he was ushered into an office where the required plans were laid out for his inspection by a young man. To his utter astonishment he found there was indeed a landscaped park drawn over the offending area. He then noted however that the plan was twenty-five years old. "When will this be?" he asked. The young man looked up slowly from his computer and smiled enigmatically.

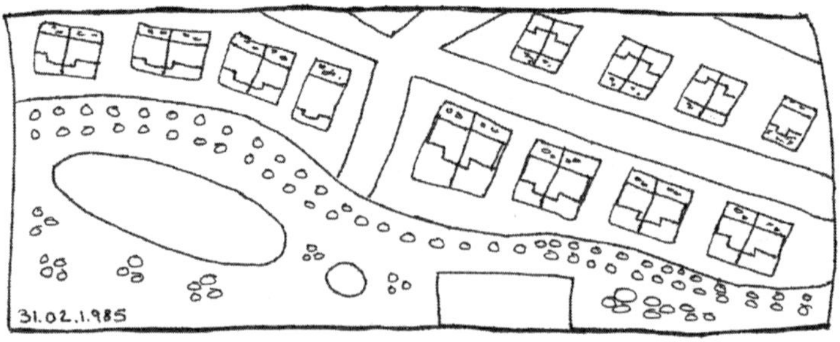

el agente inmobiliario le había dicho a Sid que esa zona iba a ser un parque ajardinado, y un pequeño grupo de optimistas todavía se aferraban a esa idea. Los paranoicos locales, sin embargo, insistían en que iba a ser una planta depuradora importante.

Fuese lo que fuese en el futuro, el terreno en ese momento era un desagradable vertedero sobre el cual, mucha gente había protestado sin éxito alguno. Sid se había mantenido todo lo que le fue posible al margen de la polémica ya documentada en prensa, pero una tarde cuando estaba subido en el andamio y contempló el horizonte, decidió que ya era hora de tomar cartas en el asunto. La mañana siguiente se fue al ayuntamiento y en su mejor español insistió en ver los planos de toda la zona.

Después de cierto retraso, le hicieron pasar a la oficina donde los planos exigidos le fueron expuestos para su inspección por un hombre joven. Su asombro fue total cuando encontró dibujado un parque ajardinado en la zona que causaba tanto disgusto. A continuación notó que el plano era de hacía veinticinco años. —¿Cuándo se hará esto? —preguntó. El joven alzó la vista de su ordenador lentamente con una sonrisa enigmática.

To his utter astonishment he found there was indeed a landscaped park drawn over the offending area.

Su asombro fue total cuando encontró dibujado un parque ajardinado en la zona que causaba tanto disgusto.

52. THE DUMP

After Sid's visit to the town hall planning department, he wrote to a local newspaper to add his weight to the campaign to clear up the scrubland near Sunny Dreams. He wasn't really expecting much response, so was surprised to come home one day to a message on his answering machine from a young man with a public school accent called Rupert, expressing interest in Sid's letter.

Despite the cost of returning a call to the UK, Sid's curiosity got the better of him. To his surprise he found he was talking to the news department of the BBC and was told that a team of reporters was due to visit the area in the near future. "We are looking for people such as yourself to give us their view of life in Spain" said the researcher. "We don't have any particular bias; we just want to hear what you have to say about living in Spain in a general way, if that's okay."

Sid was naturally flattered by this approach and agreed to be as helpful as he could to the team of reporters. He imagined how impressed his sister Mary would be seeing him interviewed on the BBC evening news. He turned over in his mind the kinds of phrases he could use which would give a good balanced picture of the pros and cons of living in Spain. If he was really good, they might even ask him to make a documentary about the area.

Sid was asked to meet the team at a nearby hotel and in his usual way arrived half an hour early. He sat and watched the comings and goings of hotel guests, trying to recognize the reporting team. After some time a young man in shirt sleeves and grey flannel trousers emerged from the lift and extended

52. EL VERTEDERO

Después de la visita de Sid al departamento de urbanismo del ayuntamiento, escribió una carta a un periódico local para dar más peso a la campaña con la que pretendía limpiar el descampado cerca de Sunny Dreams. En realidad no esperaba ninguna respuesta, así que se sorprendió un día cuando, al llegar a casa, encontró un mensaje en su contestador de un joven, con acento de colegio privado, llamado Rupert, expresando su interés por la carta de Sid.

A pesar del coste de devolver la llamada hasta el Reino Unido, le picaba la curiosidad. Para su sorpresa, se encontró hablando con alguien del departamento de noticias de la BBC quién le dijo, que un equipo de reporteros iba a visitar la zona en un futuro próximo. —Estamos buscando a gente como usted para darnos su punto de vista sobre la vida en España —dijo el periodista. —No tenemos ningún enfoque especial; solo queremos oír lo que nos quiere decir sobre la vida en España en general, si le parece bien.

Naturalmente Sid se sintió halagado con esta propuesta, y acordó ser tan útil como pudiese para el equipo de reporteros. Ya imaginaba lo orgullosa que estaría su hermana Mary, al verle entrevistado en las noticias de la BBC de las tardes. Dio vueltas en su mente pensando en el tipo de frases que podía utilizar para dar una imagen buena y equilibrada, sobre las ventajas y desventajas de vivir en España. Si lo hiciese realmente bien, incluso quizás le invitarían a hacer un documental sobre la zona.

Quedaron con Sid en un hotel cercano para que conociese al equipo y, como de costumbre él llegó media hora antes. Se sentó a contemplar las idas y venidas de los huéspedes del hotel, intentando reconocer al equipo de reporteros. Después de un rato, un hombre joven en mangas de camisa y pantalón

his hand to Sid in a hearty manner, introducing himself as Rupert. Other English residents joined them and once the whole group was gathered Rupert gave them the rundown of events.

Appointments were made with each of the participants and all were reassured once more that they could just be themselves and say whatever they wanted about their life in Spain. Rupert did say that the editor was particularly interested in "urban expansion issues", so he would prefer some shots on building sites if at all possible. In Sid's case, Rupert thought that the waste ground outside Sunny Dreams would be ideal and so they arranged to meet there later that day.

Sid met up with Rupert, along with his technical team, at the appointed place. After a certain amount of kerfuffle, Rupert commenced the interview: "I have with me Sid who has lived in Spain for four years. Sid lives in this really rundown area of the coast. As you can see there is wasteland here with rubble and rubbish strewn all over the place. So Sid, how disappointed are you to be living in this dump?"

de franela gris, salió del ascensor y le estrechó la mano de una manera cordial presentándose como Rupert. Otros residentes ingleses se juntaron al grupo y una vez reunidos todos, Rupert les dio el resumen de los acontecimientos del día.

Organizó citas con cada uno de los participantes y se les aseguró una vez más que podían actuar de forma natural y decir lo que querían sobre su vida en España. Rupert comentó que al editor le interesaba especialmente "el asunto de la expansión urbanística", así que preferirían en lo posible rodar en zonas de obra. En el caso de Sid, Rupert pensó que el descampado fuera de Sunny Dreams sería ideal así que quedaron en encontrarse allí más tarde el mismo día.

Sid se encontró con Rupert, y el equipo técnico, en el sitio elegido. Después de unos momentos de confusión, Rupert comenzó la entrevista: —Tengo conmigo a Sid quien lleva cuatro años viviendo en España. Sid vive en esta zona de la costa prácticamente abandonada. Como veis aquí, hay un descampado con basura y escombros tirados por todos lados. Así que Sid, ¿Cómo te sientes de decepcionado al vivir en este vertedero?

"So Sid, how disappointed are you to be living in this dump?"

—Así que Sid, ¿Cómo te sientes de decepcionado al vivir en este vertedero?

53. THE FIRST COMMUNION

Sid was extremely frustrated by the negative way he was interviewed by the BBC. However, as he was not a man to mince his words, he argued his point strongly that Spain was a wonderful place to live, and that the few negative aspects were far outweighed by all the good things Spain had to offer. His protestations seemed to fall on deaf ears though, and in the event his interview was dropped completely from the finished report, which only contained tales of gloom and doom.

It was a while since Sid had been in contact with his Spanish friends in the village, and he felt this might be the perfect antidote to all that British negativity. When he walked into Manuel's bar he was greeted like an old friend and immediately served his usual drink. Manuel called his mother and daughter from the kitchen and they shouted with joy and showered Sid with kisses. Despite his absence Sid realized that his Spanish had improved and he was able to pick up more than before of their voluble Spanish.

Manuel caught Sid up with all the family news and told him that it was soon to be his young niece Lorena's first communion. Sid knew that this was a very important moment in any Spanish child's life and the whole family was obviously very proud. "You must come too!" they said. "We are going to have a big party!"

Sid was delighted and touched by the invitation. "What time does the service start?" he asked.

"No, no, you must come to the house first!" they replied. "You are one of the family."

53. LA PRIMERA COMUNIÓN

Sid estaba muy frustrado por la forma tan negativa en la que le habían entrevistado los de la BBC. Sin embargo, como no tenía pelos en la lengua, argumentó con fuerza que España era un sitio maravilloso para vivir, y que los pocos aspectos negativos eran insignificantes en comparación con todos los beneficios que España ofrecía. Sin embargo parecía que sus protestas cayeron en oídos sordos, porque al final eliminaron su entrevista del reportaje, dejando solo historias de miseria y tristeza.

Había pasado un tiempo desde la última vez que Sid había estado en contacto con sus amigos españoles del pueblo, y pensó que quedar con ellos podría ser un buen antídoto contra tanta negatividad británica. Cuando entró en el bar de Manuel le dieron la bienvenida como a un amigo de siempre, y le sirvieron su bebida habitual. Manuel llamó a su madre e hija que estaban en la cocina, quienes gritaron de alegría y le colmaron de besos. A pesar de su ausencia, Sid se dio cuenta de que su español había mejorado y era capaz de entender más que antes de ese español tan enérgico.

Manuel puso a Sid al día con las noticias de la familia y le dijo que pronto sería la primera comunión de su sobrina Lorena. Sid sabía que esto era un acontecimiento muy importante en la vida de un niño español y era evidente que toda la familia estaba muy orgullosa. —Tú deberías venir también —dijeron. —¡Vamos a preparar una fiesta muy grande! Sid se sintió encantado y emocionado por la invitación.

—¿A qué hora será la misa? —preguntó.

—No, no, tienes que venir a la casa primero —respondieron. —Eres uno más de la familia.

On the morning of the big day Sid dressed up in his suit and picked up the gift he had bought for Lorena. As he approached the house he could hear shouting coming from upstairs. He called several times before Manuel eventually heard him and opened the door. "We have a small problem with my grandson" he said, rolling his eyes. Little Manu was refusing to put on the suit his mother had bought him for the occasion and wanted to wear his football shirt instead. The amount of screaming and yelling that this problem generated was simply incredible.

Eventually the family made their way to the church all dressed up, including a disgruntled Manu. The church was full of similar families accompanying their children for their first communion. All the girls looked like little brides in white and the boys well groomed in their sailor suits. At the end of the service when the families emerged into the afternoon sun an immense explosion of fireworks made Sid jump out of his skin, whilst the Spanish relatives from very elderly to newborn, took all the noise in their stride. The day ended with a big party in Manuel's bar. The adults ate, drank and most of all talked, whilst the children ran around and played until way past Sid's bedtime.

En la mañana del gran día, Sid se vistió de traje y cogió el regalo que había comprado para Lorena. Cuando se acercó a la casa oía gritos que procedían de la parte de arriba. Llamó a la puerta varias veces antes de que Manuel le oyese, y por fin le abrió la puerta. —Tenemos un pequeño problema con mi nieto —dijo, poniendo los ojos en blanco. El pequeño Manu se negaba a ponerse el traje que su madre le había comprado para la ocasión; él quería ponerse su camiseta de fútbol. El volumen con el que se gritaba y chillaba por este problema, era simplemente increíble.

Al final, la familia se puso en camino a la iglesia, todos vestidos elegantemente, incluido un Manu contrariado. La iglesia estaba llena de familias parecidas, acompañando a sus hijos en su primera comunión. Todas las niñas parecían novias en miniatura y los niños iban muy peinados, en sus trajes de marinero. Cuando acabó la misa, las familias salieron al sol de la media tarde, hubo una explosión de fuegos artificiales que hicieron que Sid saltase del susto, mientras que los parientes españoles, desde el más anciano hasta el recién nacido, percibían como algo normal, todo ese ruido. El día finalizó con una gran fiesta en el bar de Manuel. Los adultos comían, bebían y sobre todo hablaban, mientras que los niños corrían y jugaban hasta muy pasada la hora en la que Sid normalmente se acostaba.

All the girls looked like little brides in white and the boys well groomed in their sailor suits.

Todas las niñas parecían novias en miniatura y los niños iban muy peinados, en sus trajes de marinero.

54. THE GRAND TOUR

For some time Sid had been intending to explore more areas of Spain, particularly some of its natural parks where he would love to do some serious birdwatching. As much as he had enjoyed his trip to Cordoba with the Spanish pensioners, he found his interests were quite different and the language barrier was very frustrating. He didn't really want to go on an organized trip at all; he would rather jump into his car and see where the winds would take him.

That was the story that he told his friends but the reality was somewhat different. He spent many hours alone researching natural parks, plotting routes and measuring distances so that he could make the best use of his time. He had his car thoroughly serviced, arranged extra breakdown cover, and acquired an array of equipment from compass and torch to insect repellant and a spare pair of shoelaces. After several weeks of preparation he was certain that he had left absolutely nothing to chance.

Sid's neighbours Joan and Jim had been very quiet since their marital crisis but had both in their own way shown their gratitude to Sid for his role as mediator. However, they did not disguise the fact that they now thought he was completely out of his mind. They seriously suggested that he should visit a psychiatrist as in their view no sane person would travel alone around this strange and unknown country, let alone stray into the wilds where ferocious beasts were no doubt lying in wait for tasty human victims.

On the morning of Sid's departure however, Joan, Jim and a handful of other neighbours turned out to see him off. Joan handed him a hipflask full of brandy which she had heard

54. EL GRAN RECORRIDO

Desde hacía bastante tiempo, Sid había tenido la intención de explorar más partes de España, especialmente algunos de sus parques naturales donde quería dedicarse a observar las aves. Aunque disfrutó mucho su viaje a Córdoba con los pensionistas españoles, se dio cuenta de que sus intereses eran realmente diferentes y, la barrera del idioma le frustraba. En realidad no quería ir con un viaje organizado, preferiría coger el coche y ver adónde le llevaban los vientos.

Bueno, esa era la versión que les contaba a sus amigos, pero la realidad era un poco diferente. Pasaba muchas horas solo informándose sobre los parques naturales, trazando rutas y midiendo distancias de forma que él pudiese hacer el mejor uso de su tiempo. Llevó su coche para una revisión a fondo, complementó su seguro del automóvil con el servicio de grúa y adquirió una variedad de artículos, desde brújula y linterna, hasta repelente de insectos y un par de cordones de repuesto. Después de varias semanas de preparación, estaba absolutamente seguro de que él no había dejado nada al azar.

Los vecinos de Sid, Joan y Jim, estaban muy callados desde su crisis matrimonial, pero cada uno a su manera le había mostrado su gratitud por su papel como mediador. Sin embargo, ahora no disimulaban su opinión de que Sid estaba completamente loco. Le aconsejaron en serio visitar a un psiquiatra porque, desde su punto de vista, ninguna persona en su sano juicio viajaría por este país extraño y desconocido, y mucho menos adentrarse en sus bosques donde sin duda había bestias salvajes esperando saborear víctimas humanas.

Sin embargo, en la mañana de la salida de Sid, Joan, Jim y varios otros vecinos acudieron para despedirse de él.

was useful for adventurers who lost their way. Sid thanked her graciously and joked that if he didn't use it all he would bring it back for Jim. As he drove slowly out of Sunny Dreams urbanization and waved goodbye he felt a shiver of excitement all down his spine.

Sid had the time of his life on his one-man birdwatching tour. He identified and photographed scores of fascinating birds. He made new friends of all nationalities, ate new kinds of food and saw natural wonders he had only dreamed of. He also started to acquire a certain look of manly ruggedness which he rather enjoyed. Finally, on the last leg of his tour he arrived in a mountain village in northern Spain to see for himself the rich green landscapes he had heard so much about.

Early on the first morning he got up to the sound of torrential rain. He put on his weatherproof jacket and boots walked down to a small stone-built refuge for some coffee and toast. As he sat and peered through the mist at the grey skies and wet green hills he was suddenly hit with a sad feeling. He allowed his thoughts to wander until he realized it was possibly homesickness for Yorkshire.

Joan le dio una petaca de coñac ya que había oído, era muy útil para los aventureros que se perdían. Sid le dio las gracias cortésmente y dijo en broma, que si no la usaba, la traería de vuelta para Jim. Cuando arrancó y salió de la urbanización de Sunny Dreams saludando con la mano, sintió un escalofrío de emoción por toda su columna vertebral.

Sid lo pasaba como nunca en su recorrido individual observando aves. Identificó y fotografió veintenas de pájaros fascinantes. Hizo nuevos amigos de todas las nacionalidades, comió nuevos tipos de comida y vio maravillas naturales con las que solo había soñado. También adquirió un aspecto varonil y de tipo duro que le gustó bastante. Al final, en la última etapa de su gira, llegó a un pueblo montañés en el norte de España para ver con sus propios ojos los paisajes tan fértiles y verdes sobre los que había oído tanto.

A primera hora de la mañana se levantó con el sonido de una lluvia torrencial. Se puso su chaqueta impermeable y sus botas de agua y caminó hacia un refugio de piedra donde tomar café con tostadas. Mientras se sentaba mirando a través de la neblina al cielo tan gris y las colinas verdes mojadas de repente sintió una sensación de tristeza. Dejó que sus pensamientos divagasen hasta que se dio cuenta de que posiblemente sentía nostalgia por Yorkshire.

Early on the first morning he got up to the sound of torrential rain

A primera hora de la mañana se levantó con el sonido de una lluvia torrencial.

55. RETURNING HOME

Sid returned from his tour of Spain a changed man. Not only did he look healthier and happier, he had altered on the inside as well. He had spent several days in the mountains of northern Spain in the most awful weather which meant he was unable to do a great deal other than think. By the time the clouds parted and he was able to marvel at the spectacular scenery displayed before him, he had come to understand a lot of things much better.

It occurred to him that for four years he had barely given a thought to the place where he was born, brought up, married, lived and worked all his life. He had never so much as questioned this until the moment he arrived in the area that reminded him so strongly of home. The death of his wife Audrey after a protracted illness had added to his need to get away from the place as soon as his circumstances would allow, and not look back. For the first time since her death Sid relived these events in his mind and took the time alone to grieve.

Sid spent the last few days enjoying the marvels of nature in Spain before driving home. On his way back in the car he felt drained but peaceful. He reached the end of his long journey late at night and when he turned off the engine of his car he sat in silence for a while admiring the freshly painted white façade of his home against the inky blue sky. He could smell the sweet aroma of his jasmine plant and hear the screeching sound of a cricket breaking through the silence. "Who would have thought it?" he said to himself philosophically.

55. VOLVIENDO A CASA

Sid de regreso de su gira por España era como otro hombre. No solo parecía más sano y más feliz, había cambiado por dentro también. Había pasado varios días en las montañas del norte de España con un tiempo realmente horroroso, en consecuencia no podía hacer nada, excepto pensar. Para cuando las nubes se apartaron y fue capaz de disfrutar del espectacular paisaje expuesto ante sus ojos, había conseguido entender muchas cosas y mucho mejor.

Se le ocurrió que durante los últimos cuatro años, apenas había pensado en el lugar donde nació, se crió, se casó, vivió y trabajó durante toda su vida. Ni siquiera se lo había planteado hasta que llegó a este lugar que le recordaba tanto a su pueblo natal. La muerte de su mujer Audrey después de una larga enfermedad, había intensificado su necesidad por abandonar aquel sitio tan pronto como sus circunstancias se lo permitiesen, sin mirar atrás. Por primera vez desde su muerte, Sid revivió mentalmente aquellos acontecimientos y lloró por su pérdida.

Sid pasó los últimos días disfrutando las maravillas de la naturaleza en España antes de hacer el trayecto de vuelta a casa. Ya en el coche, y de regreso, experimentó una sensación de agotamiento y de paz interior. Llegó a su destino por la noche y cuando apagó el motor se quedó sentado en silencio durante un rato admirando la fachada de su casa recién pintada de blanco, en contraste con el azul oscuro del cielo. Olía el aroma de su jazmín y oyó el chirrido de un grillo rompiendo el silencio. —¿Quién lo hubiera creído? —se preguntó en voz alta, filosóficamente.

55. *Returning Home*

The day after his arrival home Sid slowly started to sort himself out. The first job was to unpack his case, and as he was engrossed in this task the phone rang. A familiar voice from the past asked if she was speaking to Mary's brother Sid. It was Mary's stepdaughter Julie with some bad news. Mary had been found early that morning by a health visitor. She had died peacefully in the night. Sid was absolutely shattered by the news, but managed to ask about practical details and said he would make immediate plans to fly home.

A few days later found Sid at the front of his local village church, surrounded by people he had known all his life. At the end of the service as he followed Mary's coffin down the aisle to the back of the church he noticed a lone figure sitting with her head down on the back row. She glanced up and caught his eye with a sad smile. It was Sylvia. She was staying with family in a nearby village so had obviously heard the news and come to express her condolences. Sid was very grateful for this gesture from the only person there who belonged to his life in Spain.

El día después de su llegada a casa, Sid empezó a organizarse poco a poco. Su primera tarea era deshacer la maleta y estaba centrado en esa actividad cuando sonó el teléfono. Una voz conocida del pasado preguntó si hablaba con el hermano de Mary, Sid. Era la hijastra de Mary, Julie con malas noticias. Un asistente sanitario la había encontrado temprano esa misma mañana. Mary había fallecido plácidamente durante la noche. Sid se quedó totalmente deshecho por la noticia, pero logró preguntar sobre los detalles puntuales y dijo que organizaría su vuelo de regreso a casa inmediatamente.

Pocos días después, Sid se encontraba sentado en primera fila dentro de la iglesia de su pueblo natal, rodeado de la gente que había conocido toda su vida. Al final de la ceremonia religiosa mientras Sid seguía el ataúd de Mary a lo largo del pasillo de la iglesia, pudo advertir una figura solitaria con la cabeza agachada, sentada en la última fila. Ella alzó la vista con una sonrisa triste y se miraron. Era Sylvia. Se encontraba en casa de unos familiares en un pueblo cercano y por lo visto se había enterado de la noticia y decidió asistir para expresar sus condolencias. Sid se sentía muy agradecido por este gesto, ya que era la única persona presente que pertenecía a su vida en España.

Sid sat in silence for a while admiring the freshly painted white façade of his home against the inky blue sky.

Se quedó sentado en silencio durante un rato admirando la fachada de su casa recién pintada de blanco, en contraste con el azul oscuro del cielo.

56. IN THE DALES

Outside the church Sylvia approached Sid discreetly. "If you'd like to meet up while you're here, here's my phone number" she said. "No pressure, Sid, honestly, just if you would like a chat, that's all".

"Thanks" Sid replied, before turning away to respond to more expressions of sympathy. After a long day Sid returned to his bed and breakfast room, completely exhausted. He placed Sylvia's slip of paper in his wallet before drifting off into a deep sleep.

Sid had to stay in his home village for another ten days to sort out matters connected with Mary's death. As the only remaining sibling, he inherited the family house from Mary. This meant spending many hours in the home sorting out Mary's belongings. Once that task was completed it felt very strange to be in such an empty place that was full of so many memories.

As well as sorting out Mary's affairs, Sid took the opportunity to visit friends and acquaintances. As the days passed he became more and more aware of how everyone's lives had moved on without him. Despite their friendliness and warm invitations, Sid realized he no longer had an important place in their world. He also found it impossible to explain to them what his life in Spain was all about.

One dull afternoon Sid went off alone to walk along the lanes and riversides where he had played as a child, and on another he braved the gusty winds and drizzle to walk to the top of his favourite hill. Even with grey clouds scurrying across the skies the view beneath him was still breathtakingly beautiful. Sid stayed for as long as the cold and damp would

56. EN LOS VALLES DE YORKSHIRE

Fuera de la iglesia Sylvia se acercó a Sid discretamente.

—Si quieres quedar mientras estás aquí, aquí tienes mi número de teléfono —dijo. —Sin presión, de verdad Sid, solo si te apetece charlar un poco, nada más.

—Gracias —respondió Sid antes de darle la espalda para responder a más expresiones de pésame. Después de un día largo Sid volvió a la habitación de su pensión, completamente agotado. Metió el trocito de papel de Sylvia en su cartera antes de entrar en un sueño profundo.

Sid tenía que quedarse en su pueblo natal durante diez días más para arreglar los asuntos relacionados con el fallecimiento de Mary. Como único hermano vivo, heredó la casa familiar de Mary. Eso significaba pasar muchas horas en la casa, ordenando las pertenencias de Mary. Una vez acabada esta tarea, se sintió raro en un lugar tan vacio pero tan lleno de recuerdos.

Además de arreglar los asuntos de Mary, Sid aprovechó la oportunidad para visitar a amigos y conocidos. A medida que pasaban los días, se empezaba a dar cuenta de cómo las vidas de todo el mundo habían continuado en su ausencia. A pesar de su amabilidad y sus invitaciones calurosas, Sid se dio cuenta de que ya no tenía un papel importante en sus vidas. También le fue imposible explicarles cómo era su vida en España.

En una tarde nublada Sid salió a andar solo, por los caminos y las riberas de los ríos donde jugaba cuando era niño. Otra tarde, le hizo frente a las ráfagas de viento y llovizna para subir a la cima de su colina favorita. Aun con las nubes grises cruzando los cielos, la vista a sus pies era de una belleza impresionante. Sid permaneció ahí todo el tiempo que le permitió el frío y la

allow and then carefully walked and slid down the muddy path back to the village.

On his final full day in Yorkshire Sid phoned Sylvia who invited him round to her daughter's house for the afternoon. He was introduced to her family, who then left them alone to talk together over tea and biscuits. It was strange seeing Sylvia in such a different environment, but they got along together like old friends who understood each other very well. They talked about where they really felt most at home and how they both saw the future, without making any reference to their relationship.

Suddenly Sylvia said "I didn't see your son at the funeral."

"No" replied Sid. "To be honest I completely lost touch with him after his mother died. It's a long story."

"Give me his full name" said Sylvia. "I bet you I can trace him." Whilst they continued chatting Sylvia turned to her computer and started typing. After just a few minutes she said, "There he is! Is that him?" To his amazement Sid was looking at a photograph of his son Charles on the computer screen. "You can write him a message if you want," said Sylvia.

"Oh, I'll think about it" Sid replied somewhat taken aback by modern technology.

humedad, y después bajó el camino embarrado hacia el pueblo, andando y deslizándose con precaución.

En su último día en Yorkshire Sid llamó a Sylvia, que le invitó a la casa de su hija para pasar la tarde. Le presentó a su familia, quienes les dejaron solos para charlar mientras tomaban el té con galletas. Era extraño ver a Sylvia en un ambiente tan diferente, pero se llevaron como viejos amigos que se entendían perfectamente. Hablaron sobre dónde se sentían mejor, y como veían el futuro, sin hacer referencia ninguna a su relación sentimental.

De repente Sylvia dijo: —No vi a tu hijo en el funeral.

—No —respondió Sid. —Para ser sincero he perdido todo contacto con él después de la muerte de su madre. Es una historia larga.

—Dame su nombre completo —dijo Sylvia. —Apuesto a que puedo encontrarlo—. Mientras seguían charlando Sylvia se giró hacia su ordenador y empezó a escribir algo. Después de pocos minutos dijo:

—¡Aquí está! ¿Es él?—. A su asombro, Sid se encontró mirando una foto de su hijo Charles en la pantalla del ordenador. —Le puedes escribir un mensaje si quieres —dijo Sylvia.

—Oh, ya lo pensaré — respondió Sid, algo sorprendido por la tecnología moderna.

To his amazement Sid was looking at a photograph of his son Charles on the computer screen.

A su asombro, Sid se encontró mirando una foto de su hijo Charles en la pantalla del ordenador.

57. HOME SWEET HOME

After what felt like a lifetime away, Sid finally returned home to Sunny Dreams. Joan had been looking after his house for him and had left a bunch of flowers on the table and fresh milk, bread and other essentials in the kitchen. A pile of letters was laid on the coffee table, mostly bills and publicity material, and there were half a dozen messages on his answering machine from people reminding him about meetings or inviting him for a drink.

On the morning after his arrival Sid went on his rounds in the urbanization, checking up on light bulbs and border plants and catching up on what had gone on in his absence. He noticed an unknown car parked outside Carmen's house and heard from one of her neighbours that she had a new man friend in her life. Sid was delighted at this news and curious to find out whether he knew the gentleman concerned.

That same evening Sid met up with his birdwatching group who were discussing the nesting habits of sand martins. At the end of the meeting Sid picked up on a longstanding disagreement he had been having with one of the members about the usefulness of sensors to detect certain species of bats. On his return home and before going to bed Sid checked through all his kitchen cupboards and made a shopping list for the next day.

On his way out the following morning Sid popped in to see Joan and Jim only to find them embroiled in a new domestic conflict. Jim was a little too pleased to see him and Joan was a little too touchy for things to be completely right between them. "Everything is normal there then" Sid thought to himself

57. HOGAR DULCE HOGAR

Después de lo que le pareció como toda una vida fuera de casa, Sid por fin volvió a Sunny Dreams. Joan le había cuidado la casa y había dejado un ramo de flores en la mesa; leche fresca, pan y otras provisiones imprescindibles en la cocina. Tenía un montón de cartas puestas en la mesita del café, la mayoría facturas y propaganda comercial, y tenía media docena de mensajes en el contestador automático de personas recordándole la asistencia de reuniones o invitándole a tomar algo.

El día después de su llegada, por la mañana Sid hizo su gira habitual por la urbanización, revisando bombillas, las plantas del parterre y poniéndose al día con lo que había acaecido en su ausencia. Observó un coche desconocido fuera de la casa de Carmen, y uno de sus vecinos le explicó que se había echado un nuevo amigo. A Sid le alegró esta noticia y estaba curioso por saber si ya conocía al caballero en cuestión.

Esa misma tarde Sid se reunió con el grupo de observación de aves que discutían sobre los hábitos de nidificación de los aviones zapadores. Al final de la reunión, Sid retomó una discusión de hace mucho tiempo con uno de los miembros, sobre la utilidad de los sensores para detectar algunas especies de murciélago. Al volver a casa, y antes de acostarse, Sid revisó los armarios de su cocina y preparó una lista de compra para el día siguiente.

A la mañana siguiente, antes de marcharse, Sid entró en la casa de Joan y Jim para encontrarlos envueltos en otro conflicto doméstico. Jim se alegró demasiado al verle, y Joan estaba demasiado susceptible para indicar que todo estuviese bien entre ellos. "Todo normal como siempre" pensó Sid

as he drove down to the village to call on Manuel, before picking up his shopping at the supermarket. The rest of that day was spent washing and ironing, cleaning windows and sweeping the terrace to the sound of his favourite music.

Later on in the week Sid arrived at the dog sanctuary to find that Fluffy had at last found a permanent home. Sid felt unreasonably upset by this news, but hid his disappointment well enough to be entrusted with a new small friend, who he immediately named Dusty. The name seemed to follow on the same theme of household cleaning as well as reflect the colour of his new friend's grey-brown coat. Sid introduced Dusty to all of Fluffy's favourite places and soon they were the best of friends.

After a few more days of catching up, all of Sid's routines were re-established and life was back to normal. Sid had not realized just how much he had missed his life in Sunny Dreams. Despite his journeys to such beautiful parts of Spain and his return to the place he was born and brought up, he was now absolutely sure where he belonged. He knew that life would never be perfect, but he knew that he was content.

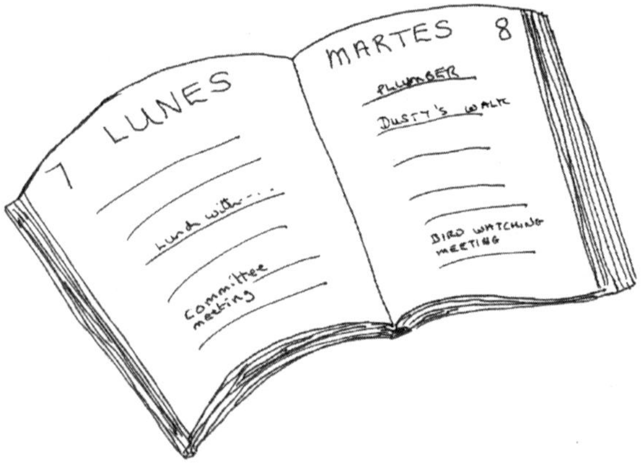

mientras conducía hacia el pueblo para visitar a Manuel, antes de hacer las compras en el supermercado. Pasó el resto del día, lavando y planchando ropa, limpiando cristales y barriendo la terraza, con el sonido de su música favorita.

Más adelante, durante esa misma semana Sid fue al refugio de animales y descubrió que Fluffy por fin había encontrado un hogar permanente. A Sid le sentó mal esta noticia por motivos poco razonables, pero disimuló su decepción bastante bien para que le volviesen a confiar un nuevo amiguito, al que en seguida llamó Dusty. El nombre continuaba en la línea de la limpieza doméstica y a la vez reflejaba el color del pelo gris-marrón de su nuevo amigo. Sid llevó a Dusty a todos los sitios favoritos de Fluffy y muy pronto se convirtieron en grandes amigos.

Después de varios días más para ponerse al corriente, todas las rutinas de Sid se restablecieron y la vida volvió a la normalidad. Sid no se había dado cuenta de cuánto había echado de menos su vida en Sunny Dreams. A pesar de sus viajes a unas partes de España tan preciosas y su vuelta al lugar donde había nacido y vivido, ahora estaba completamente seguro de que estaba en su lugar. Sabía que la vida nunca sería perfecta, pero sabía que estaba contento.

After a few more days of catching up, all of Sid's routines were re-established and life was back to normal.

Después de varios días más para ponerse al corriente, todas las rutinas de Sid se restablecieron y la vida volvió a la normalidad.

58. THE CAPITAL

At last it happened. Sylvia was back in Spain to stay. To say that it had been a long painful wait for Sid was an understatement. As much as he had accepted her decisions and kept himself occupied with other things, he was sure of his own feelings and could only hope and be patient. In some ways the prolonged absence had done them both good, and their meeting in Yorkshire bonded them together in a special way which they both understood.

Gradually they re-established their routine of meeting up once or twice a week for meals and trips out, and when the moment felt right, they started to stay over at each other's homes from time to time. A few weeks into their new-found relationship Sylvia proposed a trip to Madrid. Although Sylvia had been born and brought up in a small village, she had lived in big cities for most of her adult life and she considered herself more of a city than a country person. "How can we say we live in this country and not even know its capital city?" she argued.

Sid had to admit she had a point and agreed to go along with her for a week's holiday in Madrid. However, he had one condition, which he announced to Sylvia with great seriousness. The condition was that one day would be spent birdwatching in the mountains outside Madrid. "Sid, can you see me birdwatching?" said Sylvia. "I'll frighten them all away!"

"That's the condition" replied Sid, "take it or leave it." Sylvia realized she had no choice and accepted the deal, and so after only a few short weeks at home, Sid was off once more on his travels.

58. LA CAPITAL

Por fin ocurrió. Sylvia había vuelto a España para siempre. Decir que la espera había sido larga y dolorosa sería quedarse corto. Aunque había aceptado las decisiones de Sylvia y se había mantenido ocupado con otros asuntos, estaba seguro de sus sentimientos y solo le quedaba esperar y ser paciente. De alguna manera la ausencia prolongada les había venido bien a los dos, y su reencuentro en Yorkshire sirvió para crear un fuerte vínculo que ambos entendían.

Poco a poco volvieron a establecer su rutina de quedar una o dos veces por semana para comer e ir de excursión y cuando llegó el momento, empezaron a quedarse el uno en la casa del otro de vez en cuando. Después de las primeras semanas de su nueva relación Sylvia le propuso un viaje a Madrid. Aunque Sylvia había nacido y se había criado en un pueblo pequeño, había vivido en ciudades grandes durante la mayor parte de su vida adulta y se consideraba más de la ciudad que del campo. —¿Cómo podemos decir que vivimos en este país sin siquiera conocer su capital? —argumentó.

Sid tuvo que reconocer que tenía razón y acordó ir con ella de vacaciones durante una semana a Madrid. No obstante le puso una condición, la cual le comentó a Sylvia con mucha seriedad. La condición era que tenían que pasar un día observando aves en las montañas cercanas a Madrid. —¿Sid, me ves a mi observando pájaros? —dijo Sylvia. —¡Los voy a espantar a todos!

—Esa es mi condición —respondió Sid, —y eso es lo que hay—. Sylvia se dio cuenta de que no tenía otra opción y aceptó el trato, así que después de unas pocas semanas en casa, Sid se iba de viaje una vez más.

Sylvia adored Madrid. She filled each day with visits to museums and shops, squares and restaurants. They walked along the Gran Via, strolled through the Retiro Park, visited the Rastro market and soaked up the atmosphere of the Plaza Mayor. Sid worked hard at sharing Sylvia's enthusiasm, but drew the line when she suggested spending a whole afternoon in *El Corte Inglés*. He insisted that Sylvia feel free to spend as much time there as she liked while he prepared their day in the country.

The bird watching day arrived at last and they hired a car to drive into the mountains. Sid found an ideal spot and watched patiently through his binoculars while Sylvia sat beside him turning the pages of a magazine. "Just look at that beauty!" he exclaimed suddenly, passing the binoculars to Sylvia. "Can you see those perfect markings?" Sylvia peered through the lenses. "Oh yes" she said handing them back and returning to her magazine.

"Would you like to know what it's called?" he asked. "No, not really. It's a bird. It has wings" she replied, turning another page. She glanced up at Sid and saw his expression. "You told me I had to go birdwatching with you Sid, you didn't say I had to be interested."

Sylvia adoró Madrid. Llenó cada día con visitas a museos y tiendas, plazas y restaurantes. Caminaron a lo largo de la Gran Vía, pasearon por El Retiro, visitaron el Rastro y absorbieron el ambiente de la Plaza Mayor. Sid se esforzó mucho por compartir el entusiasmo de Sylvia, pero se plantó definitivamente cuando ella le propuso pasar toda una tarde en *El Corte Inglés*. Él le suplicó a Sylvia con empeño para que pasase todo el tiempo que quisiera allí, mientras él preparaba su día en el campo.

El día de observar aves llegó por fin y alquilaron un coche para irse a las montañas. Sid encontró el lugar perfecto y se quedó observando con paciencia, usando sus prismáticos, mientras Sylvia se sentaba a su lado hojeando una revista. —¡Pero mira esa belleza! —exclamó Sid de repente, pasando los prismáticos a Sylvia. —¿Ves esas manchas perfectas? —. Sylvia trató de ver por las lentes. —Oh, sí —dijo, devolviéndoselos y volviendo a su revista.

—¿Te gustaría saber cómo se llama? —preguntó. —La verdad es que no. Es un pájaro. Tiene alas —respondió, pasando otra hoja. Luego alzó la vista a Sid y notó su expresión. —Me dijiste que tenía que observar contigo Sid, no que tuviera que estar interesada.

A few weeks into their new-found relationship Sylvia proposed a trip to Madrid.

Después de las primeras semanas de su nueva relación Sylvia le propuso un viaje a Madrid.

59. LESSON LEARNT

Their trip to Madrid taught Sid and Sylvia an important lesson. Sometimes they were great together, and other times they were much better a long way apart. They were different in so many ways. Sid was reserved, Sylvia was demonstrative. Sid applied himself to new challenges with military precision whilst Sylvia's approach to life was far more flamboyant. Sid was a perfectionist, Sylvia was just happy if things worked out well from time to time, and equally happy to move on when they didn't.

As Sid opened up his world to Sylvia, he was intrigued to see how his friends responded to her. She got on like a house on fire with Manuel and his family. She had no idea what they were saying most of the time but still managed to communicate with gestures and laughter, complimenting the elderly members and petting the children until they all adored her. From her first visit onwards every time Sid visited the bar on his own he was asked: "*¿Y tu novia*?" which he didn't really mind.

Sylvia had a harder job with Joan and Jim. She had practically nothing in common with them and found Sid's patient tolerance of them infuriating. "They've helped me a lot" said Sid.

"No they haven't" was Sylvia's reply. "They just make use of you when they want to. They'd drop you tomorrow if it suited them."

Sid refused to reply to this accusation, so Sylvia added: "Well, you obviously like being walked all over, so good luck to you."

From time to time Sid and Sylvia found something

59. LECCIÓN APRENDIDA

Su viaje a Madrid les dio a Sid y a Sylvia una lección importante. A veces funcionaban muy bien juntos y en otras ocasiones estaban mucho mejor alejados el uno del otro. Eran distintos en muchos aspectos. Sid era reservado; Sylvia era extrovertida. Sid se concentraba en los nuevos retos con una precisión militar mientras Sylvia, abordaba la vida de una forma más exuberante. Sid era perfeccionista, Sylvia estaba contenta aunque las cosas saliesen bien de vez en cuando, e igual de contenta pasando de ellas si salían mal.

Cuando Sid invitó a Sylvia a entrar en su mundo, le intrigaba ver cómo sus amigos la iban a recibir. Congeniaba de maravilla con Manuel y su familia. La mayor parte del tiempo Sylvia no tenía ni idea de qué decían pero aún así, logró comunicarse con ellos entre gestos y risas, echando piropos a los mayores y mimando a los pequeños hasta que todos la adoraron. De ese primer día en adelante, cada vez que Sid visitaba el bar solo, le decían "¿Y tu novia?" cosa que no le molestaba demasiado.

A Sylvia le costó mucho más trabajo llevarse con Joan y Jim. No tenían prácticamente nada en común y la tolerancia paciente de Sid hacia ellos la enfurecía. —Me han ayudado mucho —dijo Sid.

—No es cierto —fue la respuesta de Sylvia. —Solo te utilizan cuando les viene bien. Te dejarían plantado mañana si les fuese conveniente—. Sid rehusó a responder a esta acusación, así que Sylvia añadió:

—Bueno, parece que te encanta que te pisoteen, así que buena suerte.

De vez en cuando Sid y Sylvia encontraban algo totalmente

completely different to do together, something which was new to both of them. One day Sid presented Sylvia with two concert tickets for a Spanish pop group. "I've heard them on the radio, they're really good."

"Okay" said Sylvia, "but you realize we'll be the same age as their grandparents."

"I've seen these concerts on television" Sid replied. "Nobody's looking at anybody else. You'll like it."

They decided to have an afternoon nap to make sure they could stay awake for the concert. They arrived at the football stadium in good time which meant they had to spend over an hour queuing to be allowed in. Sylvia thought it was hilarious to have the contents of her handbag inspected by a security guard. They finally found a place to sit at the side of the arena and settled down on their cushions to watch the show, as interested in the young crowd as they were in the group.

Sid was right, Sylvia loved the concert. She danced around to the music and waved her arms in the air. Sid also got quite excited by the loud volume and lights and the enthusiasm of the audience. At a quieter moment Sylvia nudged Sid: "What are those kids smoking down there?" "Looks interesting" said Sid. "Why don't you go down and ask if you can try some? If it's any good we can take some round to Joan and Jim in the morning."

diferente para hacer juntos, algo que era nuevo para los dos. Un día, Sid se presentó a Sylvia con dos entradas para un concierto de un grupo de pop español. —Les he escuchado en la radio. Son muy buenos—.

—Vale —dijo Sylvia. —Pero te das cuenta de que tendremos la misma edad que sus abuelos.

—He visto este tipo de concierto en la tele —respondió Sid. —Nadie te mira. Te va a gustar.

Decidieron echarse una siesta para asegurarse de que estarían despiertos todo el concierto. Llegaron al estadio de fútbol con tiempo de sobra, lo que significaba que tenían que pasar más de una hora haciendo cola para entrar. Sylvia pensó que era divertidísimo que un guardia de seguridad inspeccionase el contenido de su bolso. Al final, encontraron un sitio donde sentarse en un lado del foro y se pusieron cómodos con sus cojines para ver el espectáculo, se encontraban muy interesados tanto en la multitud de gente joven como en el grupo de pop.

Sid tenía razón, a Sylvia le encantó el concierto. Bailaba con la música y agitaba los brazos en el aire. Sid también se entusiasmó bastante con el volumen y las luces, y el alboroto del público. En un momento más calmado Sylvia le dio un codazo a Sid:

—¿Qué están fumando aquellos chicos allí abajo?

—Parece interesante —dijo Sid. —¿Por qué no bajas y les dices si puedes probarlo? Si está bien, podemos llevarlo a la casa de Joan y Jim mañana por la mañana.

One day Sid presented Sylvia with two concert tickets for a Spanish pop group.

Un día, Sid se presentó a Sylvia con dos entradas para un concierto de un grupo de pop español.

60. A BIG CELEBRATION

Sid was nearing his seventieth birthday and his fifth anniversary in Spain. He was completely unconcerned about the occasion but Sylvia thought it should be celebrated in style. She set to work organizing a surprise party and chose Manuel's bar as the obvious location. She ordered a buffet menu full of Sid's favourite dishes and Manuel said his present would be a dozen crates of Sid's favourite wine.

Sylvia then set to work contacting Sid's friends. First came some mutual friends from the Singles club where they had first got together, then she spoke to the ladies at the dog sanctuary and phoned one or two of Sid's fellow bird watchers. Sylvia then called to see Carmen and asked if she would pass the word around to the Spanish pensioners. Carmen was sure that they would go, especially as they all knew Manuel's bar very well.

Sylvia then approached Sunny Dreams residents one by one. She invited only those who she knew got on well with Sid, leaving Joan and Jim the last ones to be told. Of course they should come along to the party, but she wanted to let them know who was in charge. After much activity, Sylvia made sure that at least thirty people would be waiting for Sid at the bar, all of whom were good friends and valued acquaintances.

On the morning of Sid's birthday he woke up to a card from Sylvia and her gift of a pale yellow silk tie. One or two friends dropped by to wish him Happy Birthday, but no one mentioned the party. Sylvia prepared a small snack for lunch and made sure the afternoon was spent quietly. Later she logged on to Sid's computer and called him over

60. UNA GRAN CELEBRACIÓN

Sid se acercaba a su setenta cumpleaños y su quinto aniversario en España. Pasaba totalmente de la ocasión pero Sylvia creía que tenían que celebrarlo a lo grande. Se puso a trabajar organizando la fiesta sorpresa y eligió el bar de Manuel como el sitio idóneo. Pidió un buffet lleno de los platos favoritos de Sid, y Manuel dijo que su regalo sería una docena de cajas de su vino preferido.

Luego Sylvia se puso en contacto con todos sus amigos. Empezó con algunos amigos que tenían en común del club de solteros donde habían iniciado su relación, luego habló con las señoras del refugio de animales y llamó a un par de sus compañeros de observación de aves. Después Sylvia fue a la casa de Carmen a pedirle que se lo dijese también a los pensionistas españoles. Carmen estaba segura de que asistirían, especialmente porque todos conocían muy bien el bar de Manuel.

Por último Sylvia se acercó a los residentes de Sunny Dreams, uno por uno. Solo invitó a los que ella sabía que se llevaban bien con Sid, dejando a Joan y Jim para el final. Por supuesto debían asistir a la fiesta, pero ella quería que supiesen quién estaba a cargo de todo. Después de mucha actividad, Sylvia se aseguró de que por lo menos treinta personas estarían esperando, para recibir a Sid en el bar, todos buenos amigos y conocidos apreciados.

En la mañana del cumpleaños, Sid se despertó con una tarjeta de Sylvia junto a un regalo: una corbata de seda de color amarillo pálido. Un par de amigos pasaron a desearle feliz cumpleaños, pero nadie mencionó lo de la fiesta. Sylvia preparó una comida muy ligera y se aseguró de que pasasen la tarde tranquilamente. Más tarde encendió el ordenador de

to see something. On the screen was a picture of his son Charles with a message: "Happy Birthday Dad. Hope you have a good one. You deserve it." Sid felt his eyes prick with tears. It was the first time he had heard from his son since living in Spain.

At about eight o'clock Sylvia persuaded Sid to pop down to Manuel's bar for a birthday drink. As they walked through the door there was a great explosion of noise. "Happy Birthday Sid!" everyone cheered to Sid's complete amazement. He was showered with presents and cards which he accepted in a daze. Sylvia called for silence while Sid gazed at the flags and balloons. "And now we have a special present for a very special person" she announced. To Sid's astonishment he heard a familiar little bark and Fluffy came bounding over to him.

Sid and Sylvia sat together amidst all the celebration.

"How did you manage all of this?" Sid asked.

"Elementary my dear, except for Fluffy. That took a bit of persuading."

"You're wonderful, thank you" he said and another cheer rose as he gave her a kiss. "I can't believe I've reached 70" said Sid. "I feel young."

"That's because you are young at heart," said Sylvia, "and you still have a lifetime of adventures ahead of you."